高等院校会计学教材系列·"十二五"规划教材

基础会计实验教程

章新蓉　主编　赵光宏　严俊梅　梁　丽　副主编

格致出版社　上海人民出版社

图书在版编目（CIP）数据

基础会计实验教程/章新蓉主编. —上海：格致出版社：上海人民出版社，2011

ISBN 978 - 7 - 5432 - 1957 - 1

（高等院校会计学教材系列）

Ⅰ. ①基… Ⅱ. ①章… Ⅲ. ①会计学-教材 Ⅳ. ①F230

中国版本图书馆 CIP 数据核字(2011)第 073118 号

责任编辑　王韵霏
美术编辑　路　静

高等院校会计学教材系列

基础会计实验教程

章新蓉　主编

赵光宏　严俊梅　梁　丽　副主编

出　版　世纪出版集团 www.ewen.cc　格致出版社 www.hibooks.cn　上海人民出版社

（200001　上海福建中路193号24层）

格致出版

编辑部热线 021 - 63914988

市场部热线 021 - 63914081

发　行　世纪出版集团发行中心
印　刷　浙江临安曙光印务有限公司
开　本　787×1092 毫米　1/16
印　张　22
插　页　2
字　数　476,000
版　次　2011 年 7 月第 1 版
印　次　2013 年 3 月第 2 次印刷

ISBN 978 - 7 - 5432 - 1957 - 1/F·427

定　价　41.00 元

总序

会计是经济管理的重要组成部分，经济越发展会计越重要。凡是有经济活动的地方都需要有会计，会计已成为人民群众需要了解和运用的基本知识。作为一门重要的学科，会计学是研究会计工作规律和会计发展规律的知识体系，它是一门经济管理科学。会计学在发展过程中，为适应经济和社会发展、科学和技术进步、管理和改革要求的需要，形成了相互联系、相互制约的各种分支学科。与此相联系，在高等院校的会计教学中，为了培养高级会计人才，也形成了由各种会计学科相互联系、相互制约的会计课程体系。

考虑到在21世纪发展知识经济的条件下会计更要重视管理的要求，以及会计人员要具有创新精神和实践能力的要求，为了适应普通高等院校和高等职业、成人学校会计教育的需要，在上海世纪出版股份有限公司格致出版社大力支持下，我们组织有关高等学校编写"高等院校会计学教材系列"。在这套会计学教材系列中，有20门左右是会计专业、财务管理专业和审计专业的主体课程，另有20门左右是选修课程，供会计及相关专业教学选用。

会计学教材系列的编写，力求适应我国改革开放现阶段发展的实际需要，从培养符合现代市场经济要求的会计人才出发，特制定如下的编写要求：(1)要理论和实践相结合；(2)要反映会计工作规律，具有相对稳定性；(3)要反映认识由浅入深循序渐进的规律；(4)要反映最新财务会计准则、制度和相关法规的要求；(5)要反映会计信息化对会计核算的影响；(6)要反映当代会计研究水平，具有一定的超前性；(7)要借鉴西方会计，并与国际会计准则协调；(8)要开拓创新编写新教材；(9)严格遵守《著作权法》和相关法规的规定，严禁抄袭、剽窃。

为了编好会计学系列教材，特成立编委会，负责组织教材系列的编写工作。每本教材实行主编负责制，主编负责组织本书的编写工作，每位作者对本人编写的内容完全负责。欢迎广大教师和学生在使用过程中提出意见和建议。

高等院校会计学教材系列编写委员会

前言

随着我国社会主义市场经济的发展和会计工作实际运行模式的不断拓展，社会对会计人才的学科知识体系的深度和新度以及对其实践动手能力的要求也不断提高。按照大学本科会计专业培养复合应用型人才的目标，结合会计专业的实践要求，构建注重学生知识、能力和素质协调发展，重视对学生探索精神、科学思维、实践能力及创新能力培养的实验教学体系具有重要的现实意义。

会计是一门实践性很强的专业，社会需要懂理论、会操作、能决策的会计专业人才，但长期以来，高等学校会计教学的理论与实践脱节，对经济业务的处理通常采取以文字叙述经济业务的方式代替原始凭证，以编制会计分录的方式代替编制记账凭证，以“T”型账户登记的方式代替各种形式的账簿登记等，使学生对经济业务的处理缺乏真实性和系统性的体验，在踏上工作岗位时感觉所学理论与实践的要求差距较大。基础会计实验就是一门将会计基本理论与会计实务融于一体的课程，在仿真企业经济环境的前提下，模拟企业经济业务发生的内容。通过会计实验，一方面缩短会计理论与会计实践的距离，强化学生的会计专业基本技能，另一方面使学生进一步深刻理解比较抽象的会计理论，最终达到提高会计专业学生动手能力和分析问题及解决问题能力的目的。

我们编写的这本《基础会计实验教程》可作为高等院校经济管理类专业的基础会计学理论课程配套的实验教材，供学生学习会计理论和方法之后进行模拟实验之用，以便学生将理论演变为操作化、具体化、实践化的技能，为成为复合应用型会计专业人才奠定专业技能基础。《基础会计实验教程》也可作为会计专业后续的专业课程实验、专业综合实验以及跨专业跨学科实验的先修实验课程教材。

本教材以制造业的经济业务为例，按照会计循环流程设计，直观地再现了企业会计业务。全书分为三大部分。第一篇为会计实验总论，主要介绍会计实验设计的理念和会计实验教学体系及实验教学的规范化要求，并通过对实验外部环境和内部环境以及核算流程的设计，突出了会计多角色、多环节和多内容的衔接与协调，使学生在实验前了解仿真环境和对模拟角色的要求。第二篇是按照企业会计核算的基本工作流程设计的实验，包括期初建账实验、会计凭证填制与审核实验、登记会计账簿和编制会计报表的实验。这部分实验主要是针对会计专业基本技能的训练设计的，使实验者获得会计专业的基本技能。第三篇是综合模拟实验，包括汇总记账凭证流程实验和科目汇总表流程实验。这部分实验是在单项实验形成的基本技能的基础上，将企业经济业务融合在一起进行的系统、连续的综合性实验，可使学生树立起企业核算的全局观念。教师在使用这本《基础会计实验教程》的过程中，可根据不同的需要，有针对性地选择相关实验项目和实验模块。实验过程既可以单个完成，也可以分工合作完成。

本教材由重庆工商大学会计学院章新蓉担任主编，负责全书写作大纲的拟定和编写的组织工作，并负责主审和定稿；重庆工商大学的赵光宏以及重庆交通大学的严俊梅、梁丽担任副主编。各部分编写分工如下：第一篇由章新蓉执笔，第二篇由赵光宏执笔，第三篇由严俊梅和梁丽执笔。

由于编者水平有限，书中难免存在不妥之处，恳请读者批评指正。

编著者

目录

第一篇 总　　论

第一章　实验设计/3
第一节　实验设计理念/3
第二节　实验设计框架及特点/4

第二章　企业的主要业务流程及会计核算流程/9
第一节　企业的主要业务流程/9
第二节　会计核算的主要流程/19

第三章　实验规范要求/23
第一节　书写规范/23
第二节　实验过程规范/24

第二篇 会计基本流程实验

第四章　期初建账/33
第一节　建账流程/33
第二节　建账资料/42

第五章　会计凭证实验/44
第一节　原始凭证的填制与审核/44
第二节　记账凭证的填制与审核/48

第六章　会计账簿实验/135
第一节　日记账登记/135
第二节　明细账登记/137
第三节　总分类账登记/139
第四节　对账和结账/140
第五节　错账更正/142
第六节　银行存款余额调节表的编制/145

Contents

第七节　试算平衡表的编制/148

第七章　财务报表编制实验/215

第一节　资产负债表的编制/215

第二节　利润表的编制/218

第三篇　综合模拟实验

第八章　汇总记账凭证流程综合实验/223

第九章　科目汇总表流程综合实验/341

参考文献/343

第一篇　总　　论

本篇以实验设计的理念为指导，在对会计专业实验教学体系进行科学设计的基础上，阐明了基础会计实验是会计专业实验教学体系中的第二个层次的专业基础实验，并描述了在仿真企业内部和外部经济环境的实验条件下，模拟企业经济业务和会计角色的思路，并对完成会计实验提出了规范化要求。

第一章 实验设计

经济管理类实验与自然科学类实验相比起步较晚，但会计实验在经济管理类实验中起步又相对较早。会计实验发展过程可以分为三个阶段：在 20 世纪 90 年代以前，大学会计专业一般没有专门的实验室，也没有单独设置的实验课程，主要是在会计实务课程的授课过程中，将会计凭证、会计账簿、会计报表等发给学生作为作业来完成。在 20 世纪 80 年代末至 90 年代初，一些高等学校建立了专门的会计手工实验室，将分散在平时练习中的实验搬到实验室来完成，并逐步形成了会计手工实验项目及课程。从 1994 年开始，财政部相继发布了《会计核算软件基本功能规范》、《会计电算化工作规范》等相关文件，许多高等学校先后设立了会计电算化实验室，相应地形成了一门独立的会计电算化实验课程。随着科学技术和社会实践的发展，自然科学中的仿真和模拟等实验方法和原理被逐渐引入会计专业实验。进入 21 世纪后，各高等学校进行了较大规模的会计实验室建设，主要是对实验环境进行仿真以及对实验角色和经济业务进行模拟。从模拟企业的内部环境开始，包括企业内部的业务部门、生产部门、仓储部门、财务部门等，到模拟企业的外部环境，包括工商管理注册登记、银行开户、税务登记及报税等；从模拟单项经济业务，到模拟一个企业完整经营过程的经济业务；从模拟单个角色的实验到多个角色的轮岗实验，经过十多年的发展，会计实验逐步形成单项实验、综合实验、验证性实验、设计性实验以及创新性实验等类别。基础会计实验在对实验环境进行仿真以及对实验角色和经济业务进行模拟的前提下，将单项实验和综合实验相结合，在进行单项实验的基础上再进行综合实验。

第一节 实验设计理念

基础会计实验强调培养学生运用会计基本理论和基本方法进行会计处理的基本技能以及综合运用知识的能力，其设计理念主要表现在以下三个方面。

一、以学生为本，以素质和能力培养为目标

长期以来，我国传统的高等教育存在重理论、轻实践的普遍现象，这样不利于复合应用型人才的培养。按照社会对会计专业人才培养的需要，本教程实验设计的理念以学生为本，在知识传授、能力培养、素质提高、协调发展的基础上，建立以能力培养为核心的实验教学观念，以提高学生的实践和创新能力为主线，强调和突出会计专业学生的实践能力与创新精神培养。通过仿真企业经济活动的运行情况，本教程中的实验立体模拟了制造业的经济业务，构建了科学合理的会计专业实验教学体系。

二、以基本流程实验为基础，夯实学生的专业技能

基础会计学的主要内容是会计的基本理论、基本方法和基本技能，其中核心内容是会计核算的七种方法。为了让学生在学习理论的同时，提高动手能力和实践能力，打下扎实的专业基础和技能，本教程从会计基本流程的实验设计开始，在企业开设新账的基础上，按照会计凭证、会计账簿及会计报表的主要流程设计了单项实验，在单项实验的基础上实现了记账凭证核算形式的全过程实验，完成一个会计循环的实验内容，使学生在完成实验的过程中更加深入地理解基础会计学的知识点，为进行后续的综合性实验和后续专业课程的实验打下了坚实的基础。

三、设计会计综合流程实验，提高学生的综合能力

基础会计学实验大多强调分项目的单项实验，不仅使学生会计处理的动手能力处于相互分离的状态，而且由于不能形成各项目、各方法相互渗透、资源共享的综合性基础会计实验系统，对于培养学生的会计处理综合能力和全局观点也是十分不利的。基础会计实验教学体系突破了就会计而会计的实验设计理念，更加重视本门课程实验的内、外部环境之间，以及与后续课程之间的内在联系，使学生在内、外部业务环境和各种流程的情景中进行会计实验。其设计坚持了理论联系实际，充分体现了经济的横向发展和综合化趋势，打破了各项目、各方法的界限，建立了体现多知识点、多项目和多方法交融的实验教学模式，更加能激发学生的兴趣和潜能，有利于培养学生会计处理的综合能力和创新精神。

第二节　实验设计框架及特点

一、会计专业实验教学体系的设计

会计专业实验教学体系的设计从培养复合应用型会计专业人才目标出发，将会计专

业实验教学体系作为经济管理实验教学系统的一个子系统来研究，进一步探讨会计专业实验教学体系与经济管理实验教学系统相互交叉和渗透的关系，遵循“加强基础、重视应用、开拓思维、培养能力、提高素质”的指导思想，构建了融经济管理知识为一体的多层次、模块化的会计专业实验教学体系（见图 1.1）。

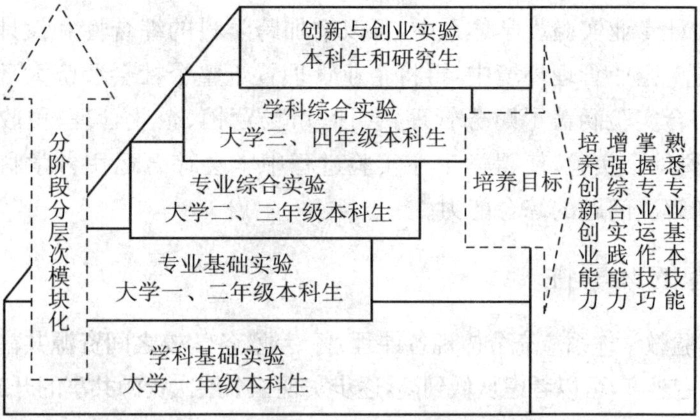

图 1.1　会计专业实验教学体系

会计专业实验教学体系的设计应体现以下五大特征。

（一）科学性与完整性

会计专业实验教学体系可以由学科基础实验、专业基础实验、专业综合实验、学科综合实验、创新与创业实验等逐渐递进的五个层次构成，达到既培养学生的专业核心能力，又提高学生综合能力及创新创业能力的目标。

（1）学科基础实验。学科基础实验涵盖《管理学基础实验》、《管理信息系统实验》、《统计学实验》和《计量经济学实验》等实验课程。这些实验可以让学生掌握经济管理实验的基本方法和基本手段，帮助学生理解经济管理基本原理，为后续专业课程的学习和实验打下良好的基础。

（2）专业基础实验。专业基础实验包括《基础会计学》、《财务会计学》、《财务管理》等课程实验，致力于专业基本技能训练和实践能力培养，可使学生熟悉会计专业的基本业务内容及运作过程，掌握会计专业基本技能。

（3）专业综合实验。会计专业综合实验对学生进行系统的、综合的实验技能训练，以培养学生专业知识的综合运用能力及会计职业判断能力。

（4）学科综合实验。学科综合实验对会计专业高年级本科学生进行经济管理类跨专业、跨学科的综合实验与创新设计，可以培养学生的团队协作意识和综合实践能力，全面提升学生的综合素质。

（5）创新与创业实验。创新与创业实验更多地通过实验室开放的方式，为课外科技创新活动提供研究所需的相关数据库；或者通过创业论坛或学生模拟公司，使学生熟悉创业实际过程，如成立模拟会计公司或注册会计师事务所，完全由学生模拟营运，以增强学生的自主创新能力和创业能力。

（二）知识的融合性

会计学科与其他学科领域的交叉融合，促使会计实验教学从单一的专业实验走向多功能实验。在会计专业实验教学体系中，可以增加跨学科的综合性和设计性实验，将会计实验内容纳入整个企业管理环境中，再将企业管理置于整个社会经济大环境之下，如企业经营与决策的综合实验涵盖了财务管理、会计、市场营销、企业管理、税收、金融等各方面的知识，通过学科综合实验，使得学生在实验过程中学会综合运用各学科所学知识，全面提高分析问题和解决问题的综合能力。

（三）资源的共享性

会计专业实验教学体系应充分体现各课程、各专业、各学校之间资源共享的开放性。由于其实现过程有一定难度，可以考虑从低到高，逐步实现三个层次资源共享的开放性实验系统。

首先，在会计学院（或会计系）内部的各专业之间实现资源共享，形成相互联系的实验系统。例如，财务会计实验结果形成的会计报表可以为财务报表分析、审计等课程实验提供基础和共享数据，形成一环扣一环的实验系统。其次，在不同专业之间实现资源共享。例如，将金融实验的信息资源、市场分析实验的资源使用在财务管理分析中，利用财务报表进行纳税申报、贷款审核等实验。最后，在校际之间实现实验资源的共享。以数字化为核心的信息技术的高度发展，为实验室实现网络开放，以及校际之间实验教学资源的共享提供了技术支持。

（四）实验的互动性

会计专业多层次、模块化的实验教学体系是一个动态系统。通过模拟仿真的实验环境，采取团队实验、对抗性实验、创业实验等方式，可以增强学生对不同实验角色的适应能力，使其根据环境和角色的变化进行自我角色的调整和重新定位。

（五）创新性

以培养学生实践能力和创新能力为目标，以教学科研化和科研教学化为指导思想，设计创新创业实验室，是会计专业实验教学体系的顶层设计。在会计专业实验教学体系的设计中，除了需要考虑强化学生的实践动手能力，同时还要注意培养学生的研究能力。因此，应进一步探索高层次、研究型会计实践环节，为会计研究，特别是会计实证研究开辟实验环境，形成顶层会计创新研究实验系统。同时，在执行培养方案的实验教学课程外，可采取第二课堂方式，开拓实验教学资源。例如，通过成立学生会计模拟公司，使其为中小企业代理会计业务，可以让学生真正接触社会，体验真实、完整的会计实践过程。这可以成为会计专业实验教学体系的一种补充形式。

二、基础会计实验设计框架及特点

基础会计实验属于高等院校会计专业实验教学体系五个层次中的第二个层次“专业基础实验”，本课程实验强调会计基本理论和方法的实际运用，以提高学生的基本技能和实际动手能力，为后续的专业综合实验和跨专业、跨学科的学科综合实验打下坚实基础。

基础会计实验在探索仿真和模拟实验的过程中，按照环境仿真、角色模拟和经济业务模拟的思路构建了实验体系设计框架(见图 1.2)，其主要特点为：

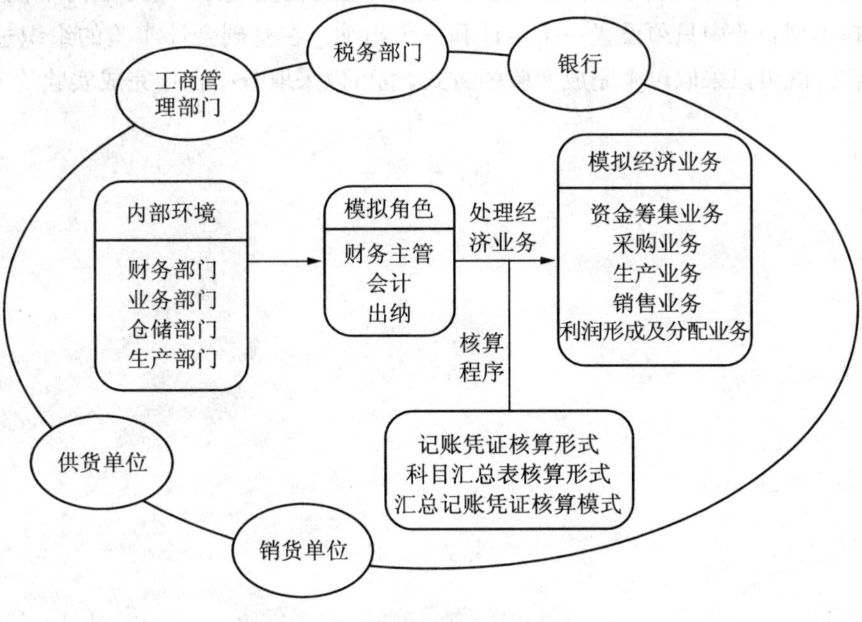

图 1.2　基础会计实验体系设计框架

(一) 实验环境的仿真性

实验环境的仿真性体现在：将会计实验内容纳入整个企业管理环境中，再将企业置于整个社会经济大环境之下，让学生了解会计实验的大环境。从企业创立在工商行政管理局登记开始，到在银行开立银行账户，再到税务登记进行纳税申报，直至企业的业务部门、财务部门、仓储部门以及生产部门等各部门分工协作完成采购过程、生产过程和销售过程的全套账务处理，涵盖这一切的模拟实验，可使学生在内外部经济环境中体验会计处理方法，并综合运用所学会计、税收、金融、企业管理等方面的知识，从而全面提高分析问题和解决问题的综合能力。

(二) 实验业务的仿真性

实验业务的仿真性体现在：在各种流程的实验中，模拟公司的真实经济业务。以制造业的实际经济业务为例，可以原始凭证再现企业实际经济业务的发生过程。学生对模拟经济业务中产生的原始凭证进行合理和合法性审核，对审核后的原始凭证进行会计处理，通过编制记账凭证和会计报表完成各种会计核算流程的实验，可如实再现案例公司的一个会计循环的全貌。这增强了学生实验的实战体验感。

（三）实验角色的仿真性

实验角色的仿真性体现在：在各种不同的环境中，让学生体验不同的角色。在大中型企业中的会计分工比较细致，有的做总账和编制会计报表，有的做稽核，有的做往来账，有的做财产物资账，有的做成本费用账，还有的做损益及权益类账，同时任何单位都须设置出纳；而在小型企业中只须设置一个会计和一个出纳。在基础会计实验的组织过程中，教师根据需要，既可以采取单个完成实验的方式，也可以采取分工合作完成实验的方式。

第二章

企业的主要业务流程及会计核算流程

通过本章内容，可以了解企业的主要业务流程。首先从了解企业的外部环境开始，即企业在工商行政管理局登记后要到银行开立银行账户办理结算，再到税务机关进行纳税申报。然后进一步了解经济业务发生时企业的业务部门、财务部门、仓储部门以及生产部门等各部门分工协作完成采购过程、生产过程和销售过程的全过程中凭证的流转情况。在此基础上，可以了解按照会计核算流程对发生的全套经济业务进行账务处理的主要程序。

第一节　企业的主要业务流程

企业的经济业务流程包含了内部业务流程，与外部相关部门发生经济业务时的相互关系，以及原始凭证在内外部相关部门的流转过程。

一、企业外部主要业务流程

(一) 工商注册流程

企业在创办时，需要在工商行政管理局进行注册登记。具体步骤如下：

(1) 前期准备工作。

召开股东会议(小组)，选举董事、监事和总经理，就出资比例达成意向，为公司拟定几个名称。在总经理领导下，搭建组织结构，进行人员分工，明确各部门职责和岗位职责。

(2) 公司名称核准。

到工商局领取并填写“企业(字号)名称预先核准申请表”，工商局检索是否有重名，若无重名，则核发一张“企业(字号)名称预先核准通知书”。

(3) 制定“公司章程”,刻法人代表私章。

制定公司章程,所有股东要在公司章程的最后签名。刻法人代表私章。

(4) 领取“银行询证函”,开立公司验资账户。

到会计师事务所签订验资合同,缴纳验资定金(按验资总费用的50%收取),领取“银行询证函”。开立验资账户,各股东向验资账户汇缴注册资金。

(5) 办理验资报告。

拿着银行出具的股东“现金缴款单”、银行盖章后的询征函和其他相关资料,根据验资合同办理验资报告。验资后,缴纳验资总费用余款,验资机构应出具验资报告。

(6) 工商局注册登记,领取营业执照。

到工商局领取公司设立登记表,包括设立登记申请表、股东(发起人)名单、董事经理监理情况、法人代表登记表、指定代表或委托代理人登记表。填好后,连同核名通知、公司章程、房租合同(或房产证复印件)、验资报告一起交给工商局,领取营业执照。

(7) 刻公章和财务章。

凭营业执照,到公安局指定的合法刻章社刻章,包括公章、财务章、合同章、发票章、部门章等。

(8) 办理企业组织机构代码证。

到质量技术监督局办理组织机构代码证,办理时填写《组织机构代码申报表》,并提交相关材料,办理人员审核材料通过后进行登记,两个工作日后凭缴费收据领取机构代码证。办理时需提交的其他材料有:工商行政管理部门核发的营业执照(正本或副本)原件及复印件各一份;法人代表(负责人)的身份证复印件一份;企业公章。

(二) 银行开户和结算流程

单位和个人应当按照《银行结算账户管理办法》的规定开立及使用账户。在银行开立存款账户的单位和个人办理支付结算,账户内必须有足够的资金以保证支付。

1. 开设银行账户的种类

银行结算账户按用途分为基本存款账户、一般存款账户、专用存款账户和临时存款账户。基本存款账户是指存款人办理日常转账结算和现金收付的账户,是存款人在银行的主要存款账户,一个企业只能开立一个基本存款账户。基本存款账户的使用范围包括存款人日常经营活动的资金收付,存款人的工资、奖金和现金的支取。一般存款账户是指存款人在基本存款账户开户以外的银行开立的银行结算账户。它主要用于办理存款人借款转存、借款归还和其他结算的资金收付。临时存款账户是指存款人因临时经营活动需要开立的账户。存款人根据国家现金管理的规定可以通过临时存款账户办理临时性的现金收付和注册验资。专用存款账户是指存款人因特定用途需要开立的账户。

2. 开设银行基本结算户

企业开立银行账户时,须填制开户申请书,携带企业法人营业执照正本原件、身份证、组织机构代码证、税务登记证等到银行开立基本账户。与银行签订银行结算账户管理协议，银行审查后，符合开立账户条件的，予以核准，颁发基本(或临时或专用)存款账户开户许可证。开户需要的手续如下：

(1) 银行交验证件。

(2) 客户如实填写《开立单位银行结算账户申请书》，并加盖公章。

(3) 开户行应与存款人签订《单位人民币银行结算账户管理协议》，开户行与存款人各执一份。

(4) 视实际情况填写《关联企业登记表》。

商业银行核实材料后会送报中国人民银行批准核准。中国人民银行核准并核发《开户许可证》后，开户行将《开户许可证》正本及密码、《开户申请书》客户留存联交与客户签收。

3. 银行结算方式及流程

企业在银行开户后，除按现金管理办法规定可以使用现金结算的款项外，其余货币收付必须通过银行进行转账结算。目前我国现行银行转账结算办法主要有银行汇票、银行承兑汇票、商业承兑汇票、银行本票、支票、信用卡、汇兑、托收承付、委托收款和国内信用证等结算方式。实验过程中将涉及大量的结算凭证，需要实验者熟悉各种结算方式并识别各种结算方式形成的原始凭证。

(1) 银行汇票结算方式。银行汇票是出票银行签发的，由其在见票时按照实际结算金额无条件支付给收款人或者持票人的票据。银行汇票可以用于转账，填明“现金”字样的银行汇票也可以用于支取现金。单位和个人均可使用银行汇票结算各种款项。签发银行汇票必须记载下列事项：表明“银行汇票”的字样，无条件支付的承诺，出票金额，付款人名称，收款人名称，出票日期，出票人签章。申请人应将银行汇票和解讫通知一并交付给汇票上记明的收款人。收款人受理申请人交付的银行汇票时，应在出票金额内，根据实际需要的款项办理结算，将实际结算金额和多余金额准确、清晰地填入银行汇票和解讫通知有关栏内，并将多余金额由出票银行退交申请人。银行汇票的提示付款期限为自出票日起1个月。银行汇票结算程序见图2.1。

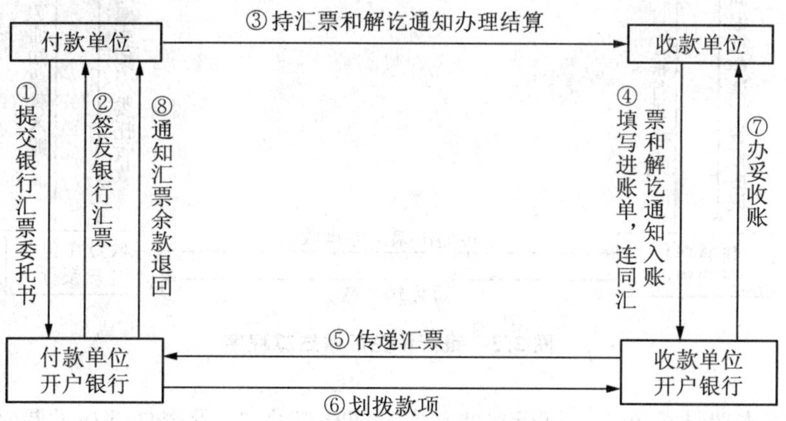

图2.1 银行汇票结算程序

(2) 商业承兑汇票结算方式。商业汇票是出票人签发的，委托付款人在指定日期无条件支付确定的金额给收款人或者持票人的票据。在银行开立存款账户的法人以及其他组织之间，必须具有真实的交易关系或债权债务关系，才能使用商业汇票。商业汇票分为商业承兑汇票和银行承兑汇票，二者之间的区别在于承兑人不同。签发商业汇票必须记载下列事项：表明“商业承兑汇票”或“银行承兑汇票”的字样，无条件支付的委托，确定的金额，付款人名称，收款人名称，出票日期，出票人签章。银行承兑汇票的承兑银行按照票面金额向出票人收取万分之五的手续费。商业汇票的付款期限最长不得超过 6 个月，提示付款期限为自汇票到期日起 10 日。商业汇票的持票人在票据未到期前为了取得现金，可以贴付一定利息，向银行申请贴现。商业承兑汇票结算程序见图 2.2，银行承兑汇票结算程序见图 2.3。

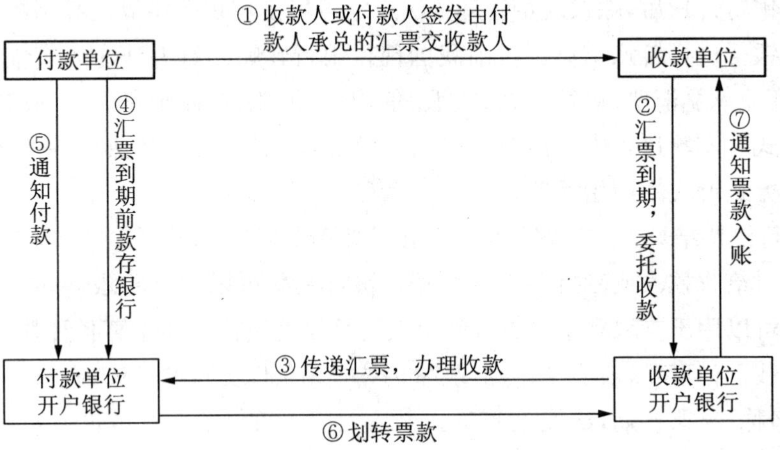

图 2.2 商业承兑汇票结算程序

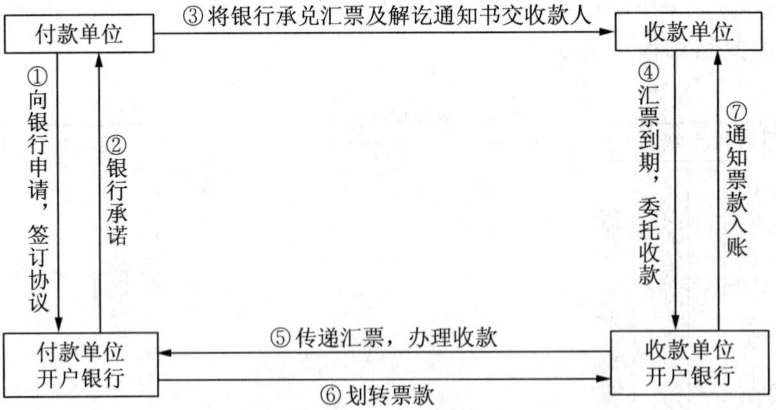

图 2.3 银行承兑汇票结算程序

(3) 银行本票结算方式。银行本票是银行机构签发的，承诺自己在见票时无条件支付确定的金额给收款人或者持票人的票据。银行本票分为不定额本票和定额本票两种。银行本票可以用于转账，注明“现金”字样的银行本票可以用于支取现金。签发银行本票必须记载下列事项：表明“银行本票”的字样，无条件支付的承诺，确定的金额，收款人名称，出票日期，出票人签章。银行本票的提示付款期限自出票日起最长不得超过 2 个月。银行本票结算程序见图 2.4。

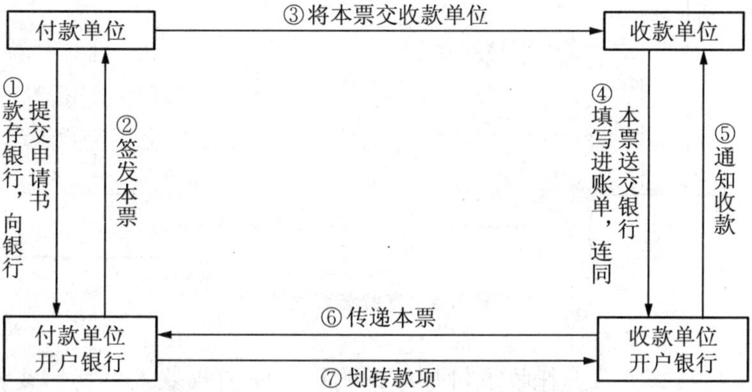

图 2.4　银行本票结算程序

(4) 支票结算方式。支票是出票人签发的，委托办理支票存款业务的银行在见票时无条件支付确定的金额给收款人或者持票人的票据。支票分为现金支票和转账支票。签发支票必须记载下列事项：表明“支票”的字样，无条件支付的委托，确定的金额，付款人名称，出票日期，出票人签章。支票的金额、收款人名称，可由出票人授权补记，未补记前不得背书转让和提示付款。支票的提示付款期限自出票日起。支票结算程序见图 2.5。

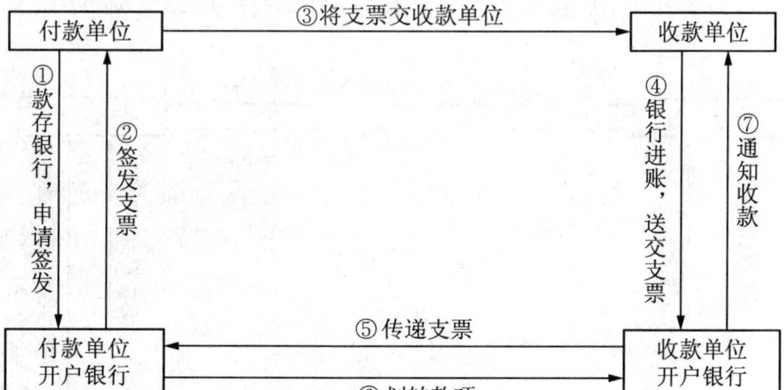

图 2.5　支票结算程序

(5) 汇兑结算方式。汇兑是汇款人委托银行将其款项支付给收款人的结算方式。汇兑分为信汇和电汇两种，由汇款人选择使用。单位和个人的各种款项的结算，均可使用汇兑结算方式。签发汇兑凭证必须记载下列事项：表明“信汇”或“电汇”的字样，无条件支付的委托，确定的金额，收款人名称，汇款人名称，汇入地点、汇入银行名称，汇出地点、汇出银行名称，委托日期，汇款人签章。汇兑结算方式结算程序见图 2.6。

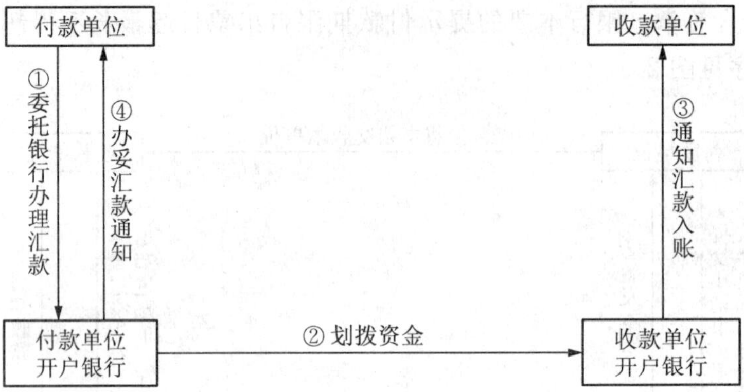

图 2.6　支票结算程序

(6) 托收承付结算方式。托收承付是根据购销合同由收款人发货后委托银行向异地付款人收取款项，由付款人向银行承认付款的结算方式。使用托收承付结算方式的收款单位和付款单位，必须是国有企业、供销合作社以及经营管理较好并经开户银行审查同意的城乡集体所有制工业企业。办理托收承付结算的款项，必须是商品交易以及因商品交易而产生的劳务供应的款项。代销、寄销、赊销商品的款项，不得办理托收承付结算。托收承付结算每笔的金额起点为 1 万元，新华书店系统每笔的金额起点为 10 万元。签发托收承付凭证必须记载下列事项：表明“托收承付”的字样，确定的金额，付款人名称及账号，收款人名称及账号，付款人开户银行名称，收款人开户银行名称，托收附寄单证张数或册数，合同名称、号码，委托日期，收款人签章。托收承付结算方式结算程序见图 2.7。

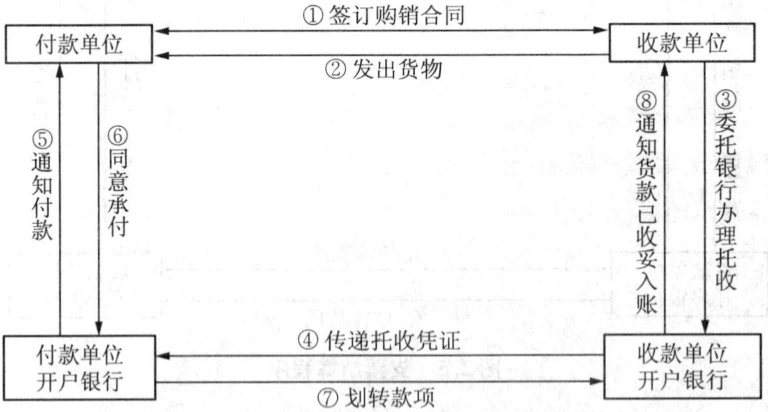

图 2.7　托收承付结算程序

(7) 委托收款结算方式。委托收款是收款人委托银行向付款人收取款项的结算方式。单位和个人凭已承兑商业汇票、债券、存单等付款人债务证明等收款依据均可使用委托收款办理结算。签发委托收款凭证必须记载下列事项：表明“委托收款”的字样，确定的金额，付款人名称，收款人名称，委托收款凭据名称及附寄单证张数，委托日期，收款人签章。委托收款结算方式结算程序见图 2.8。

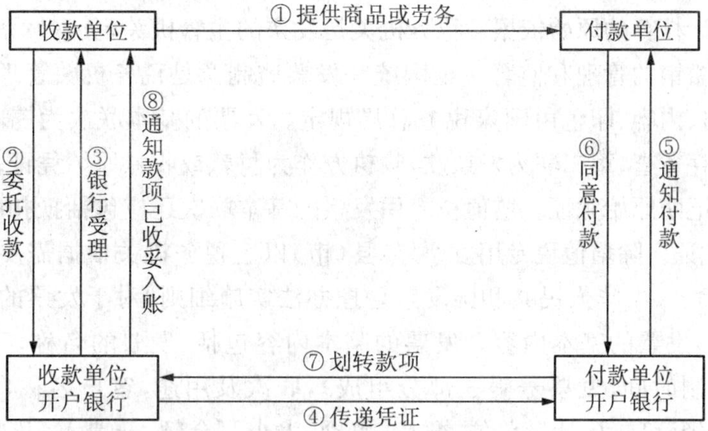

图 2.8　委托收款结算程序

（8）国内信用证结算方式。国内信用证是指开证银行依照申请人（购货方）的申请向受益人（销货方）开出一定金额并在一定期限内凭信用证规定的单据支付款项的书面承诺。我国信用证分为不可撤销和不可转让的跟单信用证。信用证结算方式只适用于国内企业之间商品交易产生的货款结算，并且只能用于转账结算，不得支取现金。信用证与作为其依据的购销合同相互独立，银行在处理信用证业务时，不受购销合同的约束。信用证有效期为受益人向银行提交单据的最后期限，最长不得超过 6 个月。

（三）税务登记和纳税申税流程

我国现行税务登记制度，主要包括：开业登记，变更登记，停业、复业登记，注销登记，外出经营报验登记等。

1. 开业税务登记及发票领购

从事生产、经营的纳税人应当自领取营业执照之日起 30 日内，向生产、经营地或者纳税义务发生地的主管税务机关申报办理税务登记，如实填写税务登记表，并按照税务机关的要求提供有关证件、资料。一般的公司都需要办理两种税务登记证，即国税和地税登记。

办理时填写《税务登记表》，提交下列相关材料：（1）营业执照副本及其复印件或其他主管机关核发的许可证照及其复印件；（2）法定代表人或负责人的身份证复印件；（3）企业房地产产权证明或房产租赁证明复印件；（4）企业财务人员会计证复印件；（5）银行开户行许可证复印件及银行入账单复印件；（6）有关公司章程、协议书或上级批准开业的文件复印件；（7）企业验资报告的复印件及资产评估报告复印件及发票原件；（8）企业会计制度、财务制度说明书；(9)组织机构代码证书及复印件；(10)租房发票复印件；(11)公章、财务章、法人代表私章。经过税务机关审核通过后领取税务登记证。

2. 发票的领购及使用要求

发票是指在购销商品、提供或者接受服务以及从事其他经营活动中，开具、收取的收付款凭证，是会计核算的原始依据。税务机关是发票的主管机关，负责发票印刷、领购、开具、取得、保管、缴销的管理和监督。全国统一发票监制章是税务机关管理发票的法定标志，其形状、规格、内容、印色由国家税务总局规定。发票的基本联次为三联：第一联为存根联，开票方留存备查；第二联为发票联，收执方作为付款或收款原始凭证；第三联为记账联，开票方作为记账原始凭证。增值税专用发票的基本联次还应包括抵扣联，由收执方作为抵扣税款的凭证。除增值税专用发票外，县(市)以上税务机关根据需要可适当增减联次并确定其用途。《中华人民共和国发票管理办法实施细则》对于发票的领购及使用有明确的要求：(1)发票的基本内容。发票的基本内容包括：发票的名称，字轨号码(由发票代码、发票印制时间、发票号码三部分组成)，联次及用途，客户名称，开户银行及账号，商品名称或经营项目，计量单位，数量，单价，大小写金额，开票人，开票日期，开票单位(个人)名称(章)等。增值税专用发票还应当包括：购货人地址，购货人税务登记号，增值税税率、税额，供货方名称，购货方地址及其税务登记号。在全国范围内统一式样的发票，由国家税务总局确定。在省、自治区、直辖市范围内统一式样的发票，由省级税务机关确定。(2)发票的申请领购。依法办理税务登记的单位和个人，在领取税务登记证后，可以向税务机关申请领购发票。申请领购发票的单位和个人必须提出购票申请，提供经办人身份证明、税务登记证件或者其他有关证明，以及财务印章或者发票专用章的印模，经主管税务机关审核后，发给发票领购簿。申请领购增值税专用发票的单位和个人，应当提供加盖有“增值税一般纳税人”确认专用章的税务登记证(副本)。非增值税纳税人和根据增值税有关规定确认的增值税小规模纳税人不得领购增值税专用发票。

3. 发票的填开

填开发票的单位和个人必须在发生经营业务确认营业收入时开具发票。开具发票后，如发生销货退回需开红字发票，但同时须收回原发票并注明“作废”字样或取得对方有效证明；发生销售折让的，在收回原发票并注明“作废”字样后，重新开具销售发票。单位和个人在开具发票时，必须做到按号码顺序填开，填写项目齐全，内容真实，字迹清楚，全部联次一次复写、打印，内容完全一致，并在发票联和抵扣联加盖单位财务印章或者发票专用章。

4. 纳税申报的一般要求

纳税申报是指纳税人按照税法规定，定期就计算缴纳税款的有关事项向税务机关提交书面报告的一种法定手续。纳税人要按照纳税申报的一般要求申报纳税。

(1) 纳税人、扣缴义务人纳税申报的主要内容包括：税种、税目，应纳税项目或者应代扣代缴、代收代缴税款项目，计税依据，扣除项目及标准，适用税率或者单位税额，应退税项目及税额，应减免税项及税额，应纳税额或者应代扣代缴税额，代收代缴税额，税款所属期限，延期缴纳税款，欠税及滞纳金等。

(2) 纳税人办理纳税申报时，应当如实填写纳税申报表，并根据不同的情况报送相关证件和资料，主要包括：财务报表及其说明材料，与纳税有关的合同(协议书)及凭证，税控装置的电子报税资料，外出经营活动税收管理证明和异地完税凭证，境内或者境外公证机构出具的有关证明文件，以及税务机关规定应当报送的其他有关证件和资料等。

(3) 纳税人、扣缴义务人可以采取自行申报、邮寄申报、数据电文方式或简易申报等《税收征管法》允许的申报方式。

(4) 纳税人在纳税期内没有应纳税款的，也应当按照规定办理纳税申报。

(5) 纳税人享受减税、免税待遇的，在减税、免税期间应当按照规定办理纳税申报。

(6) 纳税人、扣缴义务人按照规定的期限办理纳税申报或者报送代扣代缴、代收代缴税款报告确有困难，需要延期的，应当在规定的期限内向税务机关提出书面延期申请，经税务机关核准，在核准的期限内办理。

二、企业内部主要业务流程

企业内部流程是指主要经济业务在企业内部业务部门、财会部门、仓储部门和生产部门等各部门之间的凭证流转和实物流转过程。

(一) 采购流程

材料采购采取提货制和支票结算方式的业务流程，具体流程是(见图 2.9)：

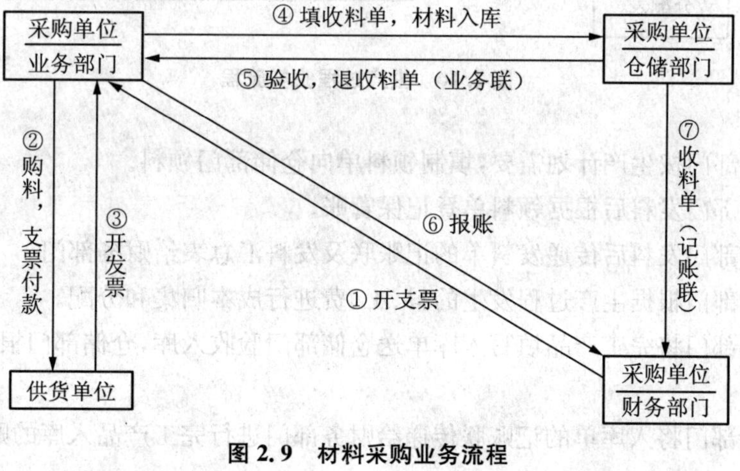

图 2.9 材料采购业务流程

(1) 采购员根据采购需要向财务部门申请并领取支票。

(2) 业务部门派采购员向供货方购买原材料并交付支票办理结算。

(3) 供货方收支票并开出发票。

(4) 业务部门将提货联交仓储部门并填写收料单。

(5) 仓储部门验收材料，在收料单上填写实收数量并签章，将填上实收数量的收料单的业务联交业务部门，作为登记业务账的依据。

(6) 将采购材料发票的记账联交财务部门，作为会计账务处理依据。

(7) 将填上实收数量收料单的记账联交财务部门，作为会计账务处理依据。

(二) 生产流程

生产过程中，从材料的投入到完工产品的入库的全过程是归集和分配生产成本的过程，其流程是(见图 2.10)：

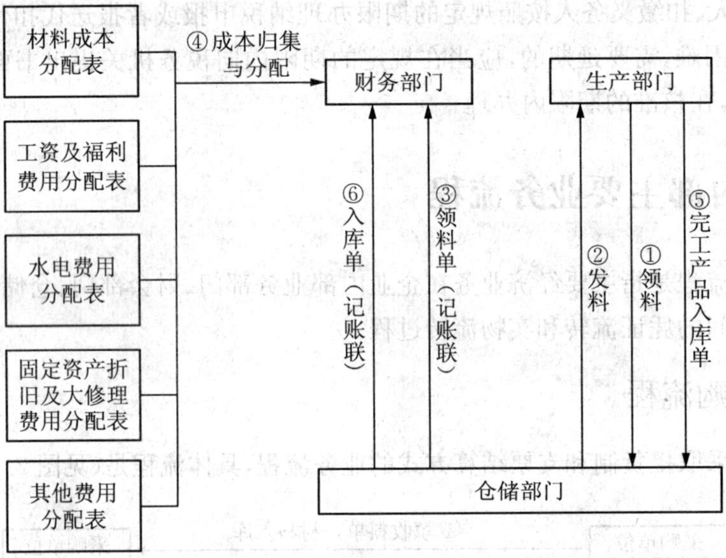

图 2.10　生产过程业务流程

(1) 生产部门按生产计划需要，填制领料单向仓储部门领料。

(2) 仓储部门发料后根据领料单登记保管账。

(3) 仓储部门发料后传递发料单的记账联及发料汇总表给财务部门。

(4) 财务部门根据生产过程发生的料、工、费进行成本归集和分配。

(5) 生产部门将完工产品填写入库单送仓储部门验收入库，仓储部门根据入库单登记保管账。

(6) 仓储部门将入库单的记账联传递给财务部门进行完工产品入库的账务处理。

(三) 销售流程

产品销售采取提货制和支票结算方式的业务流程，具体流程是(见图 2.11)：

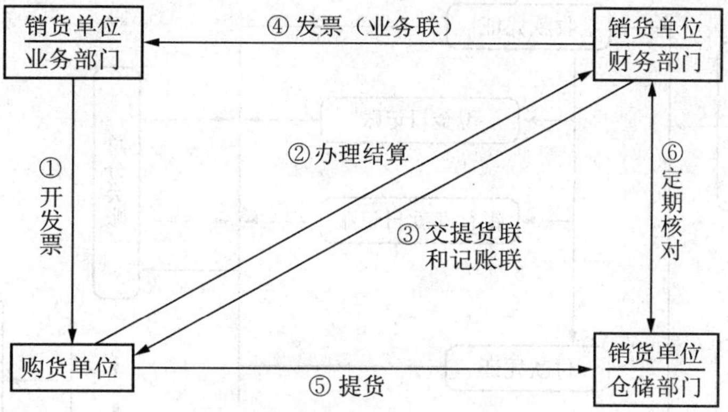

图 2.11　销售过程业务流程

(1) 购货方采购员到业务部门提出采购需求，业务部门开出发货票。

(2) 购货方采购员到财务部门办理结算并交付支票。

(3) 财务部门办妥收款手续在发票上签章后交购货方采购员提货。

(4) 财务部门将发货票的业务联传递给业务部门，作为登记业务账的依据。

(5) 购货方采购员凭发货票提货联到指定仓储部门提货。

(6) 财务部门与仓储部门定期核对并计算已销售产品的销售成本。

第二节　会计核算的主要流程

本实验教程按三种会计核算形式设计实验。在基本流程实验中采取的是记账凭证核算形式；在综合模拟实验中采用了科目汇总表核算形式和汇总记账凭证核算形式。

一、记账凭证核算形式

记账凭证核算形式是指根据收款凭证、付款凭证和转账凭证直接登记总分类账的一种核算形式，其核算流程见图 2.12。

(1) 根据原始凭证或原始凭证汇总表，分别编制收款凭证、付款凭证和转账凭证。

(2) 根据收款凭证、付款凭证登记现金日记账和银行存款日记账。

(3) 根据记账凭证及其所附原始凭证登记明细分类账。

(4) 根据收款凭证、付款凭证和转账凭证登记总分类账。

(5) 现金日记账、银行存款日记账和明细分类账分别与总分类账定期核对。

(6) 根据总分类账和明细分类账中的资料编制会计报表。

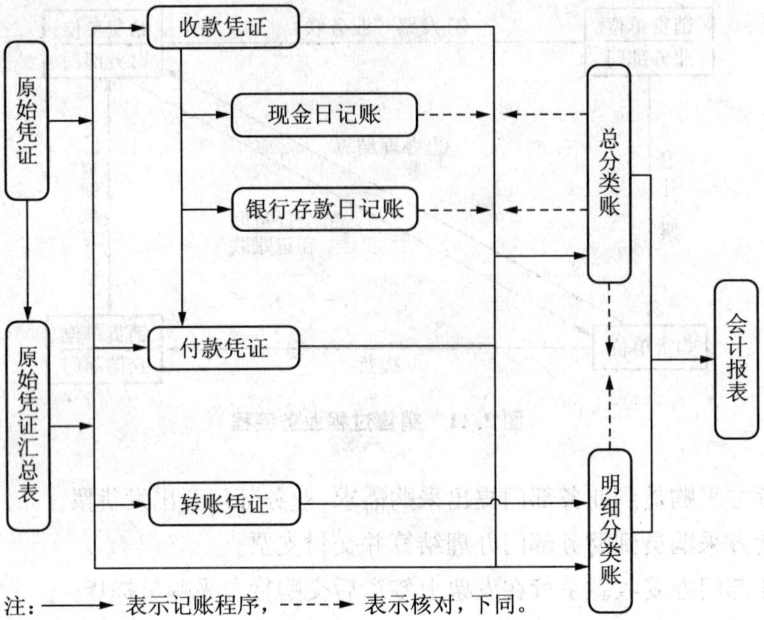

图 2.12 记账凭证核算形式

二、科目汇总表核算形式

科目汇总表核算形式是指根据收款凭证、付款凭证和转账凭证编制科目汇总表，并根据科目汇总表登记总分类账的一种核算形式。其核算流程见图 2.13。

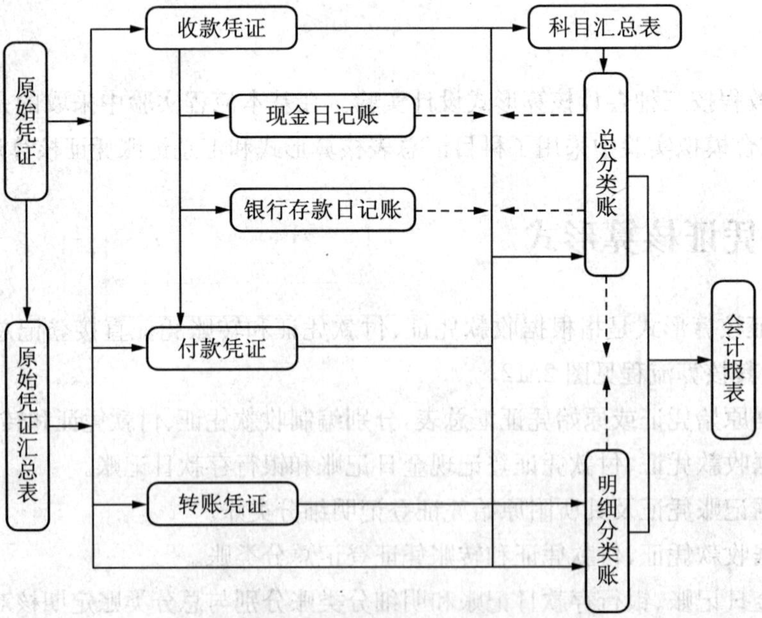

图 2.13 科目汇总表核算形式

(1) 根据原始凭证或原始凭证汇总表，分别编制收款凭证、付款凭证和转账凭证。

(2) 根据收款凭证、付款凭证登记现金日记账和银行存款日记账。

(3) 根据记账凭证及其所附原始凭证登记明细分类账。

(4) 根据收款凭证、付款凭证和转账凭证编制科目汇总表。

(5) 根据科目汇总表登记总分类账。

(6) 现金日记账、银行存款日记账和明细分类账分别与总分类账定期核对。

(7) 根据总分类账和明细分类账中的资料编制会计报表。

三、汇总记账凭证核算形式

汇总记账凭证核算形式是指根据收款凭证、付款凭证和转账凭证分别编制汇总收款凭证、汇总付款凭证、汇总转账凭证，并根据汇总记账凭证登记总分类账的一种核算形式。其核算流程见图 2.14。

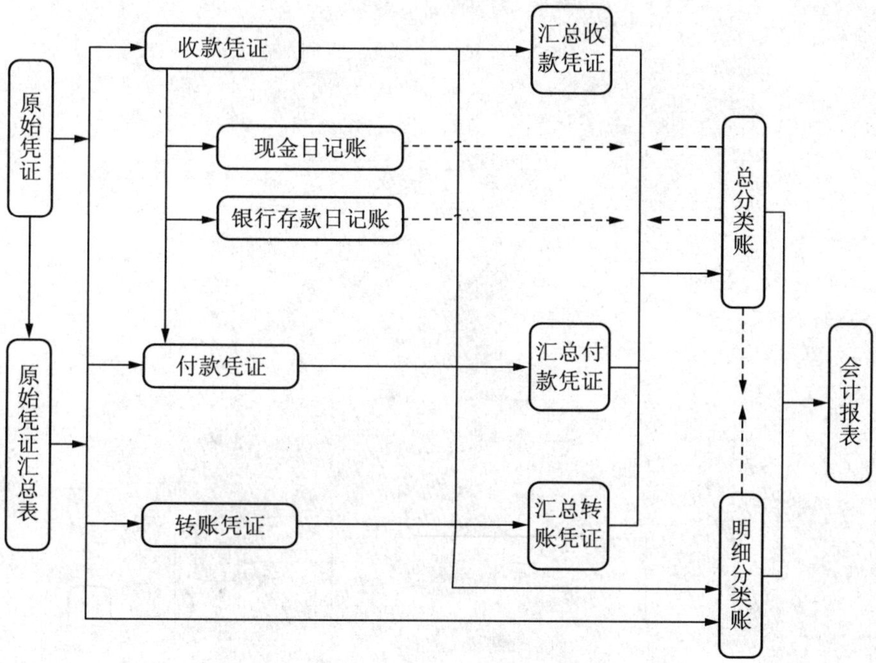

图 2.14　汇总记账凭证核算形式

(1) 根据原始凭证或原始凭证汇总表，分别编制收款凭证、付款凭证和转账凭证。

(2) 根据收款凭证、付款凭证登记现金日记账和银行存款日记账。

(3) 根据记账凭证及其所附原始凭证登记明细分类账。

(4) 根据收款凭证、付款凭证和转账凭证分别编制汇总收款凭证、汇总付款凭证、汇总转账凭证。

（5）根据汇总记账凭证登记总分类账。

（6）现金日记账、银行存款日记账和明细分类账分别与总分类账定期核对。

（7）根据总分类账和明细分类账中的资料编制会计报表。

第三章 实验规范要求

会计的本质是一项经济管理活动。学生在会计的核算实验中，需要运用专门的知识和技能，熟练地对经济业务活动进行会计处理，而且必须按照《会计基础工作规范》的要求和企业内部控制的要求，规范会计工作。为了加强对实验过程和实验教学的规范化管理，需要将全过程的规范要求融入实验各环节，包括书写规范、实验过程规范、实验报告规范和实验成绩评价规范四方面的内容。

第一节 书写规范

书写规范属于基础会计实验中最基本的规范要求，是会计工作不可忽视的基础工作规范的重要内容之一。书写规范包括文字规范和数字规范。

一、文字规范

会计人员在会计核算工作中几乎每天都需要做大量的书写和计算工作。“能写”、“会算”是对会计人员的基本要求，也是会计人员的基本技能。会计人员在填写各种票据和结算凭证时，需要正确书写票据和结算凭证的各个要素；填制凭证和登记账簿时，需要正确书写表述经济业务的文字摘要；编制会计报表时，需要在报表附注项目下填写相关文字；编制财务情况说明书更需要文字书写。另外，在财务报表分析报告更需要专业的文字规范功底。会计记录一般应以书写“行书”为宜，在书写时应保证字迹清晰、容易辨认，不写错字、别字，不写繁体字和不规范的简化字。

二、数字规范

在会计实验中，几乎每个环节都会有数字的书写问题。会计工作对数字的书写不仅要求字迹清晰、工整、容易辨认，而且要符合会计工作的专业要求。在数字书写过程中应注意以下问题：

(1) 阿拉伯小写金额数字书写规范。

阿拉伯小写金额数字应当一个一个写，不得连笔写，所有以元为单位的阿拉伯数字，除表示单价等情况，一律填写到角分；无角分的，角位和分位可写“00”；有角无分的，分位应当写“0”，不能用符号“—”代替。

(2) 阿拉伯金额数字货币书写规范。

阿拉伯小写金额数字前面应当书写货币币种符号或货币名称简写符号。币种符号与阿拉伯小写金额数字之间不得留空白。凡阿拉伯数字前写有币种符号的，数字后面不再写货币单位。例如，以人民币为单位的，阿拉伯小写金额数字前面，均应填写人民币符号“￥”。

(3) 汉字大写金额数字书写规范。

汉字大写金额数字如零、壹、贰、叁、肆、伍、陆、柒、捌、玖、拾、佰、仟、万、亿等，一律用正楷或者行书体书写，不能用0、一、二、三、四、五、六、七、八、九、十等简化字代替，不得任意自造简化字。大写金额数字到元或角为止的，在“元”或“角”字之后应当写“整”字或“正”字；大写金额数字有分的，分字后面不写“整”或“正”字。

(4) 汉字大写金额数字货币书写规范。

汉字大写金额数字前印有货币名称的，大写金额数字应紧接印有货币名的字样填写；汉字大写金额数字前未印有货币名称的，应当加填货币名称，货币名称与金额数字之间不得留有空白。例如，以人民币为单位的，汉字大写金额数字前应标明“人民币”字样，大写金额数字应紧接“人民币”字样填写，不得留有空白；大写金额数字前未印“人民币”字样的，应加填“人民币”三字。

阿拉伯金额数字中间有“0”时，汉字大写金额要写“零”字；阿拉伯金额数字中间连续有几个“0”时，汉字大写金额中可以只写一个“零”字；阿拉伯金额数字元位是“0”，或者数字中间连续有几个“0”，元位也是“0”，但角位不是“0”时，汉字大写金额可以只写一个“零”字，也可以不写“零”字；阿拉伯金额数字角位是“0”，而分位不是“0”时，汉字大写金额“元”后面应写“零”字。例如￥28506.02，应写成人民币贰万捌仟伍佰零陆元零贰分；又如￥835.06，应写成人民币捌佰叁拾伍元零陆分。

第二节　实验过程规范

实验过程的规范对顺利实现实验目标、完成实验任务、提高实验效果至关重要。实验过程规范要求实验组织规范、实验技能规范、实验报告规范、实验成绩评价规范。

一、实验组织规范

在会计实际工作中，对于大中型企业而言，一般会计工作有不同的分工，而且分工可能比较细，有制单会计、审核会计、记账会计、主管会计和出纳等岗位，而且其中制单和记账可能还按经济业务内容作进一步分工。但对于小型企业而言，可能只设置一个会计和出纳。会计人员需要完成会计的各项工作。根据社会的不同需要，实验组织可以采取单人实验和分组实验的方式。

(1) 单人实验。

单人实验要求每一个参加实验的学生独立完成会计模拟实验的全过程。在实验中，每一个学生对经济业务发生时产生的模拟原始凭证进行审核，审核后采用真实的记账凭证进行会计处理，然后进行汇总和登记有关账簿，最后编制会计报表。采取这种实验模式，学生可以全面操作一个企业的会计循环过程的会计处理，从而形成企业核算的全局观念，培养全面账务处理的技能，但缺点是不利于培养形成团队协作的精神和能力。

(2) 分组实验。

分组实验要求每个小组按照实验中会计分工设置的岗位数，确定参加小组实验的人数。在实验小组中，每个学生担任特定的岗位角色并履行岗位职责。学生在某个岗位上完成实验后，可以轮岗实验。采取这种实验模式，可以从不同角度接触到会计工作的每一个环节，使学生在走上工作岗位后能够胜任各种岗位的工作。同时，在实验过程中可以培养学生与他人相处和协调人际关系的能力。

二、实验技能规范

会计是一种专业性和操作性都很强的职业，会计专业技能不仅是影响会计信息质量、会计工作效率的重要因素，还是会计专业活动得以顺利开展所应具备的基本条件。由于会计工作担负着重要的经济责任和社会责任的使命，所以在实验中要求学生应当具备与其特定职业相吻合的专门技能。基础会计实验模拟了会计确认、计量、记录和报告全过程的经济业务，学生在实验中应具备以下四个方面的基本专门技能。

(1) 原始凭证规范。

当发生经济业务或会计事项时，必须取得或填制原始凭证，并按规定的业务流转程序及时流转至有关部门；当会计部门取得或填制原始凭证时需及时进行会计处理。发生经济业务或会计事项时，必然涉及多种原始凭证，有自制的，也有外来的，其中很多需要会计人员填制，如支票的填制、发票的填制、收据的填制、领料单的填制等。所以作为会计人员，要求按规范取得和填制原始凭证。

（2）记账凭证规范。

记账凭证是登记账簿的依据，为了实现正确的登记账簿的工作，首先要对有关部门和人员送来的原始凭证进行审核，并根据审核无误的原始凭证按照借贷记账法的要求编制记账凭证，确定经济业务对有关会计要素的影响。

（3）登记账簿规范。

通过记账凭证的填制和审核，可以确定每笔经济业务对有关会计要素的影响及其程度，但为了满足企业内部管理和外部对会计信息的系统性、综合性、连续性的要求，还应当将记账凭证上记载的经济业务登记到有关账簿中。因此，应按照财政部颁布的会计准则和会计制度的规定以及会计业务的需要设置会计账簿，包括总账、明细账、日记账和其他辅助性账簿；坚持以经过审核的会计凭证为依据，登记会计账簿，并按规定进行错账的更正，在期末时还必须进行对账、结账工作。

（4）编制报表规范。

会计报表是根据账簿记录对日常会计核算资料进行整理、归集、加工、汇总并按照国家统一会计制度的规定，定期编制的反映会计主体财务状况和经营成果的书面报告文件。会计报表包括会计报表主表、会计报表附表、会计报表附注。对外报送的会计报表应当根据财政部颁布的会计准则和会计制度规定的格式和要求编制。会计报表之间、会计报表各项目之间，凡有对应关系的数字，应当相互一致。本期会计报表与上期会计报表之间有关的数字应当相互衔接，本年度会计报表与上年度会计报表之间的相关指标数字应当相互衔接。

三、实验报告规范

学生通过会计工作全过程的实验，不仅要求提交实验完成的全套实验会计凭证、会计账簿和会计报表，还要求提交实验报告。实验报告一般要求有封面及实验考核的相关内容，其主要参考格式及主要内容见本章附录。

四、实验成绩评价规范

以完成本课程实验要求为主要考核内容，并结合学生实验过程的态度及出勤情况对学生实验过程和结果进行综合评价。实验成绩评分的参考格式及主要标准见本章附录中的实验成绩评定表。

附录：实验报告及实验成绩评定表

实 验 报 告

实验项目名称：

实验时间：

实验班级：

实验地点：

姓名：

学号：

实验成绩____________________ 指导教师____________________

小组成员____

实验目的
实验基本原理及基本步骤
实验记录(实验条件记录，如实验地点、实验材料和环境等；实验数据记录，如结果数据记录；实验过程意外情况记录等)

（续表）

备注：纸张不够请自备纸张贴在后面
实验结果的分析
实验体会与改进建议
实验思考题解答
指导教师评阅意见

实验成绩评定表

学院： 班级： 学生姓名： 学号：

项目	分值	参考标准					评分
		优秀（90%～100%）	良好（80%～90%）	中等（70%～80%）	及格（60%～70%）	不及格（<60%）	
实验态度	10	实验中态度认真，认真预习实验指导书，实验步骤明确，实验准备充分，能按照规定的进度完成各项实验工作	实验中态度较认真，预习实验指导书，实验步骤较明确，实验准备较充分，能按照规定的进度完成各项实验工作	实验中态度较认真，实验步骤基本明确，实验准备基本充分，基本能够按照规定的进度完成各项实验工作	实验中态度基本认真，实验准备欠充分，主要实验步骤明确，基本能够按照规定的进度完成各项实验工作	实验态度欠端正，未预习实验指导书，实验准备不充分，实验步骤错误，不能按照规定的进度完成各项实验工作	
会计凭证填制的准确性、规范性	30	会计凭证编制正确规范，摘要清晰，要素齐全，数字书写规范，字迹清晰，装订整齐	会计凭证编制正确、较规范，摘要较清晰，要素齐全，字迹较清晰，装订整齐	会计凭证编制大部分正确，要素齐全，个别数字随意涂改，字迹较清晰，装订较整齐	会计凭证编制大部分正确，摘要较清晰，有多处随意涂改，字迹较清晰，装订较整齐	会计凭证编制正确率低，摘要不清晰，凭证要素不齐全，字迹不清晰，装订不整齐或松散	
账簿登记的准确性、规范性	30	账簿设置齐全，登账正确规范，账证、账账相符，结账规范，计算正确，错账更正规范	账簿设置较完整，登账正确，账证、账账相符，结账较规范，计算正确，错账更正规范	账簿设置较完整，登账大部分正确，账证、账账大部分相符，个别数字随意涂改	账簿设置较完整，登账基本正确，账证、账账基本相符，有多处数字随意涂改	账簿设置不完整，登账错误，账证、账账不相符，未按规定方法结账	
报表编制的准确性、规范性	20	报表项目填写完整、正确、规范，计算正确，字迹清晰，账表相符，项目之间的平衡关系、勾稽关系正确	报表项目填写完整，计算正确，字迹较清晰，账表相符，项目之间的平衡关系、勾稽关系正确	报表项目填写完整，字迹较清晰，账表基本相符，个别数字随意涂改，项目之间的平衡关系、勾稽关系基本正确	报表项目填写完整，字迹较清晰，个别项目账表不符，有多处数字随意涂改，项目之间的平衡关系、勾稽关系基本正确	报表项目填写不完整，部分项目填写错误，账表不相符，项目之间的平衡关系、勾稽关系错误	
实验报告	10	按时提交实验报告，报告项目填写准确完整，思考题解答正确全面，实验结果分析合理	按时提交实验报告，报告项目填写完整，思考题解答正确，实验结果分析较合理	按时提交实验报告，报告项目填写完整，思考题解答基本正确，实验结果分析基本合理	能够提交实验报告，报告项目填写完整，思考题解答不全面，实验结果分析基本合理	不能按时提交实验报告，报告项目填写不完整，思考题解答有误，实验结果分析错误	
实验成绩（期末卷面）：							

任课教师签名： 年 月 日

第二篇　会计基本流程实验

本篇内容为基础会计单项模拟实验，在企业开设新账的基础上，按照记账凭证核算形式所规定的核算步骤设计，介绍填制和审核原始凭证、填制和审核记账凭证、登记账簿、错账更正、编制资产负债表和利润表等多个单项实验，目的是巩固《基础会计学》理论课中有关会计核算方法的教学内容，使学生熟悉会计凭证的填制和审核要求、会计账簿的登记方法、会计报表编制的基本要求，掌握会计基本操作程序和方法，并为完成基础会计综合模拟实验奠定基础。

第四章

期初建账

由于各单位的会计核算建立在持续经营与会计分期等假设的基础上，因此，在每个会计期初，应将上期末各账户的期末余额过入本期各账簿中，作为期初余额，这个过程就是期初建账。期初建账是确保企业单位会计核算顺利进行的一项重要基础工作。

第一节 建账流程

一、启用账簿

按照我国《会计法》、《会计基础工作规范》等相关规范的规定，每一个会计主体应当设置的账簿有：库存现金日记账、银行存款日记账、总分类账、各种明细账。在实际工作中，账簿的格式多种多样，不同格式的账簿所包括的具体内容不同，但各种账簿都应具备相同的基本要素。在启用账簿时，应填写下列内容：

(1) 封面：主要标明账簿的名称，如总分类账、各种明细分类账、库存现金日记账、银行存款日记账等。

(2) 扉页：主要列明科目索引、账簿启用和经管人员一览表(见表 4.1)，活页账、卡片账在装订成册后，填列账簿启用和经管人员一览表。主要内容包括：

第一，单位或使用者名称，即会计主体名称，与公章内容一致。

第二，印鉴，即单位公章。

第三，使用账簿页数，在本年度结束(12 月 31 日)据实填写。如启用的是订本式账簿，起止页数已经印好不需再填；启用活页式账簿，起止页数可等到装订成册时再填。

第四，经管人员，盖相关人员个人名章。另外记账人员更换时，应在交接记录中填写交接人员姓名、经管及交出时间和监交人员职务、姓名。

第五，粘贴印花税票并划双横线，除实收资本、资本公积按万分之五贴花，其他账簿均按 5 元每本贴花。

表 4.1 账簿启用及交接表

<table>
<tr><td colspan="12">账 簿 启 用 表</td><td rowspan="11">贴
印
花
处</td></tr>
<tr><td colspan="2">单位名称</td><td colspan="4">(加盖公章)</td><td colspan="2">负责人</td><td colspan="2">职务</td><td colspan="2">姓名</td></tr>
<tr><td colspan="2">账簿名称</td><td colspan="4">账簿第 册</td><td colspan="2">单位负责人</td><td colspan="2"></td><td colspan="2"></td></tr>
<tr><td colspan="2">账簿号码</td><td>第 号</td><td>启用日期</td><td colspan="2">年 月 日</td><td colspan="2">单位主管
财务工作负责人</td><td colspan="2"></td><td colspan="2"></td></tr>
<tr><td colspan="2">账簿页数</td><td colspan="4">本账簿共计页</td><td colspan="2">会计机构负责人
会计主管人员</td><td colspan="2"></td><td colspan="2"></td></tr>
<tr><td colspan="12"></td></tr>
<tr><td colspan="12">经管账本人员一览表</td></tr>
<tr><td colspan="3">记账人员</td><td colspan="3">接 管</td><td colspan="3">移 交</td><td colspan="2">监交人员</td><td rowspan="2">备注</td></tr>
<tr><td>职务</td><td>姓名</td><td>盖章</td><td>年</td><td>月</td><td>日</td><td>年</td><td>月</td><td>日</td><td>职务</td><td>姓名</td></tr>
<tr><td></td><td></td><td></td><td></td><td></td><td></td><td></td><td></td><td></td><td></td><td></td><td></td></tr>
<tr><td></td><td></td><td></td><td></td><td></td><td></td><td></td><td></td><td></td><td></td><td></td><td></td></tr>
</table>

(3) 账页:账簿的主体,是记录具体经济业务的载体,其格式因记录经济业务内容的不同而有所不同,但基本内容包括:账户名称,即会计科目;登记账户的日期栏;凭证种类和号数栏(记账依据);摘要栏(简要说明所记录经济业务的内容);金额栏(增加金额、减少金额和余额);总页次和分户页次。

二、选择会计科目

会计科目是账户的名称,是账户设置的依据。会计科目按所提供信息的详细程度不同分为总分类科目和明细分类科目。按我国现行会计规范规定,总分类科目一般由财政部门统一制定,在不影响会计核算要求和会计报表指标汇总,以及对外提供统一的会计报表的前提下,各企业可以根据实际情况自行增设、减少或合并某些会计科目。明细分类科目除会计规范规定设置的以外,在不违反统一会计核算要求的前提下,各企业可根据实际需要自行设置,见表 4.2。

表 4.2 常用总分类科目表

会 计 科 目	核 算 内 容
一、资产类	
库存现金	企业的库存现金
银行存款	企业存入银行或其他金融机构的各种款项
其他货币资金	企业的银行汇票存款、银行本票存款、信用卡存款、信用证保证金存款、存出投资款、外埠存款等其他货币资金

（续表）

会计科目	核算内容
交易性金融资产	企业为交易目的所持有的债券投资、股票投资、基金投资等交易性金融资产的公允价值
应收票据	企业因销售商品、提供劳务等而收到的商业汇票，包括银行承兑汇票和商业承兑汇票
应收账款	企业因销售商品、提供劳务等经营活动应收取的款项
其他应收款	企业除存出保证金、买入返售金融资产、应收票据、应收账款、预付账款、应收股利、应收利息、应收代位追偿款、应收分保账款、应收分保合同准备金、长期应收款等以外的其他各种应收及暂付款项
坏账准备	企业应收款项的坏账准备
预付账款	企业按照合同规定预付的款项
材料采购	企业采用计划成本进行材料日常核算而购入材料的采购成本
在途物资	企业采用实际成本（或进价）进行材料、商品等物资的日常核算、货款已付尚未验收入库的在途物资的采购成本
原材料	企业库存的各种材料
材料成本差异	企业采用计划成本进行日常核算的材料计划成本与实际成本的差额
库存商品	企业库存的各种商品的实际成本（或进价）或计划成本（或售价）
持有至到期投资	企业持有至到期投资的摊余成本
长期股权投资	企业持有的采用成本法和权益法核算的长期股权投资
固定资产	企业持有的固定资产原价
累计折旧	企业固定资产的累计折旧
固定资产清理	企业因出售、报废、毁损、对外投资、非货币性资产交换、债务重组等原因转出的固定资产价值以及在清理过程中发生的费用等
固定资产减值准备	企业固定资产的减值准备
在建工程	企业基建、更新改造等在建工程发生的支出
工程物资	企业为在建工程准备的各种物资的成本
无形资产	企业持有的无形资产成本，包括专利权、非专利技术、商标权、著作权、土地使用权等
累计摊销	企业对使用寿命有限的无形资产计提的累计摊销
无形资产减值准备	企业无形资产的减值准备
长期待摊费用	企业已经发生但应由本期和以后各期负担的分摊期限在1年以上的各项费用，如以经营租赁方式租入的固定资产发生的改良支出等
递延所得税资产	企业确认的可抵扣暂时性差异产生的递延所得税资产
待处理财产损溢	企业在清查财产过程中查明的各种财产盘盈、盘亏和毁损的价值。物资在运输途中发生的非正常短缺与损耗，也通过本科目核算

（续表）

会计科目	核算内容
二、负债类	
短期借款	企业向银行或其他金融机构等借入的期限在1年以下(含1年)的各种借款
应付票据	企业购买材料、商品和接受劳务供应等开出、承兑的商业汇票，包括银行承兑汇票和商业承兑汇票
应付账款	企业因购买材料、商品和接受劳务等经营活动应支付的款项
预收账款	企业按照合同规定预收的款项
其他应付款	企业除应付票据、应付账款、预收账款、应付职工薪酬、应付利息、应付股利、应交税费、长期应付款等以外的其他各项应付、暂收的款项
应付职工薪酬	企业根据有关规定应付给职工的各种薪酬。本科目可按“工资”、“职工福利”、“社会保险费”、“住房公积金”、“工会经费”、“职工教育经费”、“非货币性福利”、“辞退福利”、“股份支付”等进行明细核算
应交税费	企业按照税法等规定计算应交纳的各种税费
应付股利	企业分配的现金股利或利润
预计负债	企业确认的对外提供担保、未决诉讼、产品质量保证、重组义务、亏损性合同等预计负债
长期借款	企业向银行或其他金融机构借入的期限在1年以上(不含1年)的各项借款
长期应付款	企业除长期借款和应付债券以外的其他各种长期应付款项
未确认融资费用	企业应当分期计入利息费用的未确认融资费用
递延所得税负债	企业确认的应纳税暂时性差异产生的所得税负债
三、所有者权益	
实收资本	企业接受投资者投入的实收资本，股份有限公司应将本科目改为“4001股本”科目
资本公积	企业收到投资者出资额超出其在注册资本或股本中所占份额的部分
盈余公积	企业从净利润中提取的盈余公积
本年利润	企业当期实现的净利润(或发生的净亏损)
利润分配	企业利润的分配(或亏损的弥补)和历年分配(或弥补)后的余额
四、成本类	
生产成本	企业进行工业性生产发生的各项生产成本
制造费用	企业生产车间(部门)为生产产品和提供劳务而发生的各项间接费用
五、损益类	
主营业务收入	企业确认的销售商品、提供劳务等主营业务的收入
其他业务收入	企业确认的除主营业务活动以外的其他经营活动实现的收入
投资收益	企业确认的投资收益或投资损失

（续表）

会计科目	核算内容
营业外收入	企业发生的各项营业外收入
主营业务成本	企业确认销售商品、提供劳务等主营业务收入时应结转的成本
其他业务成本	企业确认的除主营业务活动以外的其他经营活动所发生的支出
营业税金及附加	企业经营活动发生的营业税、消费税、城市维护建设税、资源税和教育费附加等相关税费
销售费用	企业销售商品和材料、提供劳务的过程中发生的各种费用
管理费用	企业为组织和管理企业生产经营所发生的管理费用
财务费用	企业为筹集生产经营所需资金等而发生的筹资费用
资产减值损失	企业计提各项资产减值准备所形成的损失
营业外支出	企业发生的各项营业外支出
所得税费用	企业确认的应从当期利润总额中扣除的所得税费用
以前年度损益调整	企业本年度发生的调整以前年度损益的事项以及本年度发现的重要前期差错更正涉及调整以前年度损益的事项

综上所述，选择会计科目首先应遵循会计规范的要求，其次要考虑企业经济业务的内容和实际需要。

三、设置各种账簿，登记期初余额

（一）设置库存现金日记账和银行存款日记账

1. 选择账簿外表形式和账页格式

库存现金日记账和银行存款日记账是用来核算和监督库存现金和银行存款每天的收入、支出和结存情况的账簿，主要采用三栏式账页格式，在实际工作中应使用订本账。在本实验中采用三栏式活页账，根据经济业务量大小预留账页。

2. 登记期初余额

在所选择好的库存现金日记账和银行存款日记账的账页中登记期初余额，在“日期”栏内，写上“××年××月 1 日”；“摘要”栏内写上“上年结转”或“期初余额”，将现金实有数或上年末银行存款账面数填在“余额”栏内。

（二）设置总分类账户

1. 选择总账账簿外表形式和账页格式

总分类账户根据总分类科目设置，可以全面、系统、综合地反映企业所有的经济活动情况和财务收支情况，可以为编制会计报表提供所需的资料。总分类账户主要采用三栏式账页格式，在实际工作中应使用订本账，在本实验中采用三栏式活页账，注意根据经济业务量大小预留账页。

2. 登记期初余额

在"日期"栏内，写上"××年××月 1 日"；"摘要"栏内写上"上年结转"或"期初余额"，根据实验资料中的数据将各总账账户期初余额填在"余额"栏内，并在余额栏前根据账户性质写明"借"或"贷"，以标明余额的方向。

（三）设置各种明细账户

1. 选择明细账账簿外表形式和账页格式

明细账根据明细分类科目设置，登记某类经济业务详细情况，提供明细核算资料，对总账起补充说明作用。它所提供的资料是编制会计报表的重要依据。

明细账的外表形式一般采用活页式，注意根据经济业务量大小预留账页。账页格式根据所反映的经济业务特点以及企业管理的不同要求进行设计和选择，主要格式有：数量金额式、三栏式、多栏式等。不同类型的明细账户应设置不同的账簿外表形式和账页格式，具体有：

（1）原材料明细账、库存商品明细账采用数量金额式账页，分别按材料、产品的种类和名称设置明细账。

（2）应收账款明细账、其他应收账款明细账采用三栏式账页，根据债务人单位名称或个人姓名设置明细账。

（3）应付账款明细账采用三栏式账页，根据债权人单位名称或个人姓名设置明细账。

（4）应交税费明细账采用三栏式账页，根据应缴的税种设置明细账。

（5）生产成本明细账采用多栏式账页，根据产品名称设置明细账。

2. 登记期初余额

（1）原材料、库存商品明细账期初余额的登记方法。在数量金额式账页相应栏目中写明明细账户的名称，在"日期"栏内，写上"××年××月 1 日"；"摘要"栏内写上"上年结转"或"期初余额"，根据实验资料中的数据将原材料、库存商品明细账的期初结存数量、单价、金额分别填在"结存"栏相应的栏目中。

（2）应收账款明细账、其他应收账款明细账、应付账款明细账、应交税费明细账期初余额的登记方法。在三栏式账页中"会计科目"一栏写明总分类科目，在"子目"一栏中写明明细账户的名称，其余项目填写与总账相同。

（3）生产成本明细账期初余额的登记方法。在多栏式账页中"会计科目"一栏写明总分类科目，在"子目"一栏中写明明细账户的名称，在金额栏按成本项目分别设置直接材料、直接人工及制造费用三个专栏，在"日期"栏内，写上"××年××月 1 日"；"摘要"栏内写上"上年结转"或"期初余额"，根据实验资料中的数据将各种产品生产成本期初结存金额分别填在"直接材料"、"直接人工"、"制造费用"三个专栏中。

下面举例说明了各类账簿期初余额的登记方法。

银行存款日记账

第1页

开户银行 模拟银行

账　　号 20030021087

×年		凭证字号	银行凭证	摘要	对应科目	借方											贷方											借或贷	余额											✓
月	日					亿	千	百	十	万	千	百	十	元	角	分	亿	千	百	十	万	千	百	十	元	角	分		亿	千	百	十	万	千	百	十	元	角	分	
12	1			期初余额																								借			¥	2	0	1	2	0	0	0	0	

总 分 类 账

第1页

会计科目及编号

ACCOUNT NO. 库存现金 1001

×年		凭证字号	摘要	借方											✓	贷方											✓	借或贷	余额										
月	日			亿	千	百	十	万	千	百	十	元	角	分		亿	千	百	十	万	千	百	十	元	角	分			亿	千	百	十	万	千	百	十	元	角	分
12	1		期初余额																									借					¥	4	1	4	0	0	0

原材料进销存

总第　　页
分第 1 页

部类______ 产地______ 单位 公斤 规格______ 品名 甲材料

×年		凭证字号	摘要	收入												发出												结存												✓
				数量	单价	金额										数量	单价	金额										数量	单价	金额										
月	日					千	百	十	万	千	百	十	元	角	分			千	百	十	万	千	百	十	元	角	分			千	百	十	万	千	百	十	元	角	分	
12	1		期初余额																									8500	100		¥	8	5	0	0	0	0	0	0	

明细分类账

第 1 页
连续第　　页

科目编号 A/C NO. 112201　　明细科目 SUB LED A/C 深圳三勇建材有限公司　　总账科目 GEN LED A/C 应收账款

×年		凭证字号	摘要	借方											✓	贷方											✓	借或贷	余额										
月	日			亿	千	百	十	万	千	百	十	元	角	分		亿	千	百	十	万	千	百	十	元	角	分			亿	千	百	十	万	千	百	十	元	角	分
12	1		期初余额																									借					¥	3	3	4	0	0	0

生产成本账

总第　　页
分第 1 页

总账科目 生产成本
产品名称 B产品
规格型号
计量单位 个

×年		凭证字号	摘要	合计											成本项目																											
															直接材料									直接人工									制造费用									
月	日			亿	千	百	十	万	千	百	十	元	角	分	百	十	万	千	百	十	元	角	分	百	十	万	千	百	十	元	角	分	百	十	万	千	百	十	元	角	分	百
12	1		期初余额				¥	1	1	3	0	0	0	0			¥	6	0	0	0	0	0			¥	3	0	0	0	0	0			¥	2	3	0	0	0	0	

第二节　建账资料

一、会计主体的基本信息资料

(1) 会计主体:华飞工厂(增值税一般纳税人,法人代表陈劲松,开户银行:中国工商银行大同街分理处,账号:200066838324,地址:重庆市经开区大同街10号,税务登记:500104478423622,电话号码:023-84125103)。

(2) 单独设置会计机构:出纳李燕,会计张萌,复核周洋洋,财务科长刘冰。

二、华飞工厂2010年1月1日有关总账和明细账的期初余额

1. 各总账的期初余额

表4.3　各总账的期初余额　(单位:元)

账户名称	期初余额(借方)	账户名称	期初余额(贷方)
库存现金	5200	短期借款	120000
银行存款	399700	应付账款	194700
应收账款	64000	应付职工薪酬	99700
其他应收款	3000	应交税费	12500
原材料	410000	累计折旧	300000
生产成本	175500	实收资本	2100000
库存商品	463000	盈余公积	300000
预付账款	1500	利润分配	395000
固定资产	2000000		
合　计	3521900	合　计	3521900

2. 各明细账户的期初余额

(1)"原材料"账户的余额包括:A材料26000公斤,单价10元,计260000元;B材料30000公斤,单价5元,计150000元。

(2)"生产成本"账户余额,包括:甲产品成本,其中直接材料45000元,直接人工35600元,制造费用15600元;乙产品成本,其中直接材料39000元,直接人工28300元,制造费用12000元。

(3)“库存商品”账户余额包括：甲产品 5000 件，单位成本 80 元，计 400000 元；乙产品 2100 件，单位成本 30 元，计 63000 元。

(4)“其他应收款”账户余额系李红 3000 元。

(5)“应收账款”账户余额系长江工厂 64000 元。

(6)“应付账款”余额包括：东风工厂 100700 元，夏普公司 94000 元。

(7)“应交税费”账户余额系应交所得税 12500 元。

三、实验要求

根据上述资料，建立华飞工厂 2010 年 1 月的库存现金日记账、银行存款日记账、总账和主要明细账，并登记期初余额。

四、实验材料

(1) 三栏式库存现金日记账页 1 张。
(2) 三栏式银行存款日记账页 1 张。
(3) 三栏式明细账页 10 张。
(4) 数量金额明细账页 4 张。
(5) 生产成本明细账页 3 张。
(6) 普通多栏式明细账页 3 张。
(7) 三栏式总账账页 25 张。

第五章

会计凭证实验

会计凭证是用来记录经济业务、明确经济责任，并作为记账依据的书面证明。填制和审核会计凭证是会计核算工作的起点。会计凭证按其填制的程序和作用，可以分为原始凭证和记账凭证两大类。本章实验分为两个单项实验。

第一节　原始凭证的填制与审核

一、实验目的

原始凭证是直接记录经济业务的第一手资料，它对整个会计工作与会计信息质量具有决定性的作用。因此，会计机构、会计人员必须按照国家统一的会计规范对原始凭证进行审核。只有经过审核无误的原始凭证才能作为记账的依据。

在会计实务中，由于各种经济业务内容和经济管理的要求不同，原始凭证的名称、格式和内容也不尽相同，在填制的方法和要求上也稍有不同。从填制原始凭证的主体来看，大部分原始凭证是由发生经济业务单位的经办人员填写，少部分由会计人员填写。

通过本实验，使学生熟悉各种经济业务发生时应填制的原始凭证的种类、格式及内容，掌握各种原始凭证的填制方法，加深对原始凭证有效性的认识；了解原始凭证的审核要求，掌握原始凭证的审核方法，提高判断、鉴别原始凭证真实性、完整性、合法性的水平，能够处理不同情况下的审核后的原始凭证。

二、实验要求

要做好原始凭证的填制与审核工作，首先，要使所有经办人员都能充分认识到原始凭证在经营管理中的重要作用。其次，要加强经营管理上的责任制，促使有关人员都能严格按财务会计制度和手续办事。

1. 正确选用原始凭证

根据所发生的经济业务正确选用与经济业务相应的原始凭证来记录、反映经济业务，确保使用的原始凭证与业务性质保持一致。

2. 填写项目要齐全，手续要合法、完备

(1) 凡凭证应填写受证单位名称时，须按名称全称填写清楚；凡业务相关人员须在凭证有关栏目签字或盖章。

(2) 填制凭证的日期须同办理业务的时间保持一致。

(3) 填写凭证时，自上而下逐行填写，并根据凭证所设计的项目逐项填列业务内容。

(4) 凭证上的金额栏应按规定填写。

(5) 凭证上应有的图章必须齐全，印迹清楚，有关责任人员必须签字或签章。

(6) 填制凭证时应按原始凭证的连续编号依次使用，不得漏号或跳号。

(7) 一式几联的发票和收据必须使用双面复写纸套写，并连续编号，作废时应加盖"作废"戳记，连同存根一起保存，不得撕毁。区别不同联次，正确使用凭证，不得混淆使用不同联次的凭证。

(8) 填制带有附件的凭证，应注明附件的件数和编号。

3. 严格书写规定

凭证上的数字和文字的书写，应严格按照《会计基础工作规范》认真书写。需要复写的原始凭证，必须保持各联都能辨认，内容一致。如有书写错误，应按规定方法更正或作废。

4. 对所填原始凭证进行全面审核

在熟悉所给实验资料和与之相关的会计法规、政策、制度规定的基础上，对所填制的原始凭证的真实性、完整性和合法性进行全面审核，并针对可能存在的错误提出相应的处理意见。

三、实验资料

1. 会计主体的基本信息资料(同第四章第二节)

2. 2010 年 1 月发生部分经济业务

(1) 2 日，财务科出纳员李燕开出现金支票一张 10000 元，从银行提取现金，以备零用。填写现金支票(凭证 1)。

(2) 2 日，供销科李路将于当月 9 日去广西采购材料，经供销科长胡东华批准，向财务科借现金 3000 元，编号：201001。填写"借款单"(凭证 2)。

(3) 5 日，签发转账支票一张支付前欠银鑫工厂货款 70000 元。填写转账支票(凭证 3)。

(4) 6 日，向大华公司销售甲产品 200 件，售价 110 元(不含增值税)，增值税率 17%，单位成本 80 元，开出一张增值税专用发票，通过银行收取款项。开票人：王华；仓库主管：刘平；发货人：张明。大华公司纳税识别号：500304745124575，地址：重庆九龙坡区石坪桥横街 40 号，电话 023-68770512，开户银行：中国工商银行石坪桥分理处，账号 200015748852。填制增值税专用发票和产品出库单（凭证 4、凭证 5）。

(5) 7 日，向本市银鑫工厂购入 A 材料（材料编号 1101）30000 公斤，单价 10 元/公斤。收到对方开来的专用发票（号码 11024578）注明买价 300000 元，税金 51000 元，共计 351000 元。材料已验收入库，货款开出转账支票支付。仓库保管：宋波，仓库负责人：李阳，质量检验员：王英。填写转账支票和收料单（凭证 6、凭证 7）。

(6) 11 日，收到东风厂支付的包装塑料箱租金 800 元，以现金方式收取。填写统一收据（凭证 8）。

(7) 12 日，第一生产车间生产 A 产品领用 A 材料 2000 公斤，单价 10 元，材料编号 1101。仓库保管：宋波，审批人：李阳，领料人：杨灿。填制领料单（凭证 9）。

(8) 15 日，销售部门胡涛报销餐费 700 元（招待客户），以现金支付。附餐饮发票 5 张。填报销单（凭证 10）。

(9) 30 日，根据本月所填制的领料单编制发料汇总表。领料单 03045 同业务（7），其余领料单编号为 03046-03052（凭证 11 至凭证 18）。

(10) 固定资产计提折旧，填制固定资产折旧提取表（凭证 19）。

(11) 31 日，第一生产车间本月共发生制造费用 21000 元，采用生产工时比例法进行分配。已知甲产品生产工时为 4000 工时，乙产品生产工时为 2000 工时。第二生产车间本月共发生制造费用 10400 元，采用生产工时比例法进行分配。已知甲产品生产工时为 2500 工时，乙产品生产工时为 1500 工时。填制制造费用分配表（凭证 20）。

(12) 31 日，第二生产车间交来完工甲产品 4000 件，单位成本 80 元，完工乙产品 2600 件，单位成本 30 元，送验人：王耀。填制产品入库单（凭证 21）。

四、实验材料

(1) 空白现金支票、转账支票。

(2) 借款单。

(3) 增值税专用发票。

(4) 产成品入库单。

(5) 产成品出库单。

(6) 收料单。

(7) 收据。

(8) 领料单。

(9) 费用报销单。

五、实验步骤

（一）原始凭证填制的步骤

（1）熟悉经济业务的内容，选择适用的原始凭证。在填制原始凭证之前，先熟悉每笔经济业务，了解经济业务的性质、发生条件、原因、制度规定和情况，在此基础上，选择适用的原始凭证并明确其填制的基本要求。

（2）按填制要求认真填写原始凭证。在熟悉经济业务的基础上，按照原始凭证的填制要求，认真、逐笔地填制原始凭证。

（3）检查、核对所填写的原始凭证。对填制完毕的原始凭证，要逐笔检查其业务手续是否健全，填制是否符合规定的要求。

（二）原始凭证审核的步骤

1. 了解会计法规、政策、制度的规定

在审核原始凭证之前，要熟悉经济业务的内容及与之相关的会计法规、政策、制度的规定。

2. 对原始凭证进行全面、认真的审核

根据有关会计法规、政策、制度的规定，对原始凭证的真实性、完整性和合法性进行严格的审核。

（1）真实性审核。真实性审核的内容主要包括：经济业务的双方当事单位和当事人是真实的；经济业务发生的时间、地点和填制凭证的日期必须是真实的；经济业务的内容必须是真实的；经济业务的数量、金额必须是真实的。如购货业务，要标明所购货物的重量、长度、体积、数量、单价、金额，经质检人员检验合格出具证明，由保管员验收在入库单上签字后，方能证明数量真实。

（2）完整性审核。完整性审核的内容包括原始凭证的基本要素完整和手续齐全。要素完整要求原始凭证应具备的基本要素不可缺少，如发票上应有的财务公章、税务专用章、各联的用途、发票编号等。手续齐全要求业务双方经办人都签名或签章。需经领导签名批准的原始凭证应有领导人的亲笔签名。对手续不全的原始凭证应退回补办手续。

（3）合法性审核。合法性审核的内容包括对凭证合法性的审核和对经济事项的审核。对凭证合法性的审核是指自制原始凭证必须有经办单位负责人或指定人员的签名或盖章，对外开出的原始凭证必须加盖单位公章或发票专用章、财务专用章等。对经济事项的审核是指审核经济业务的内容是否符合法规、制度、政策、计划和合同的规定，支出是否符合财务制度等。

3. 对审核后的原始凭证区别不同情况进行处理

原始凭证经过上述详细审核后，会计人员应按《会计法》所赋予的职责和权限，区别下列不同情况分别处理：

(1) 经审核无误的原始凭证，就是真实、完整、合法的原始凭证，会计人员应按规定及时办理会计手续。

(2) 对不真实、不合法的原始凭证，会计人员有权拒绝受理，并向有关单位主管报告。

(3) 对记载不准确、不完整的原始凭证，予以退回，并要求按照国家统一的会计制度的规定更正补充，但不得直接涂改。原始凭证有错误的，应当由出具单位重开或更正，更正处应当加盖出具单位印章。原始凭证金额有错误的，应当由出具单位重开，不得在原始凭证上更正。

(4) 对涂改、伪造等弄虚作假、严重违法的原始凭证，会计人员在拒绝办理的同时，应当予以扣留，并及时向单位或上级主管部门报告，请求查明原因，追究当事人的责任。

六、实验总结

1. 完成实验思考题

(1) 经济业务发生时为什么要填制原始凭证？

(2) 填制原始凭证时应注意哪些问题？

2. 编写实验报告

实验报告内容主要包括：

(1) 实验内容。

(2) 实验中存在的问题及解决办法。

(3) 实验体会及建议。

第二节　记账凭证的填制与审核

记账凭证是由会计人员根据审核无误的原始凭证或原始凭证汇总表，对经济业务按其性质加以归类，按照记账规则的要求填制的，用以确定会计分录，并据以登记会计账簿的书面凭据。由于原始凭证种类繁多、格式不一，不便在原始凭证上编制会计分录，据以记账，所以有必要将各种原始凭证反映的经济内容加以归类整理，确认为某一要素后编制记账凭证。从原始凭证到记账凭证是经济信息转换成会计信息的过程，是会计初始确认阶段。

一、实验目的

通过本环节的实验，达到以下目的：

(1) 学生熟悉各种记账凭证的格式，掌握各种记账凭证的填制方法，尤其要求熟练掌握收款凭证、付款凭证和转账凭证的填制方法，提高学生对实际经济业务的账务处理能力。

(2) 审核记账凭证的基本要求，掌握审核方法，加强对记账凭证的合理性、完整性和技术性的审核，对审核后的记账凭证能区分不同情况进行处理。

(3) 熟悉制造业主要经济业务的内容，掌握制造业主要经济业务的核算方法，进一步加强对填制与审核会计凭证这一核算方法的理解和熟练运用。

二、实验要求

1. 根据所给经济业务填制部分原始凭证

(1) 制造费用分配表。

(2) 产品生产成本计算单。

(3) 产成品入库单。

(4) 产品销售成本计算单。

(5) 损益类账户发生额表。

(6) 所得税计算表、所得税费用结转表。

(7) 法定盈余公积金计提表。

2. 根据经济业务及相关原始凭证填制记账凭证

根据所给经济业务及其相关的原始凭证分别编制收款凭证、付款凭证、转账凭证，具体要求如下：

(1) 在对原始凭证进行认真审核的基础上，根据经济业务的性质和内容，选择适用的收款凭证、付款凭证和转账凭证。凡是涉及现金或银行存款增加的业务，填制收款凭证；凡是涉及现金或银行存款减少的业务，填制付款凭证；凡是不涉及现金或银行存款的业务，填制转账凭证；对于现金和银行存款之间的收付业务，为避免重复记账，按规定只填制付款凭证。

(2) 对所填制的各种专用记账凭证，要求做到摘要简明、科目运用正确、内容完整、项目齐全、书写清楚规范、附件齐全、编号连续、编制及时等。

3. 审核专用记账凭证

对上述已填制好的专用记账凭证进行全面审核，包括审核记账凭证内容的真实性、合法性和填制手续的完备性、合规性，判断记账凭证中对经济业务的记录是否符合会计制度的规定。通过审核，指出记账凭证中存在的错误，并按规定的方法加以更正。

三、实验资料

华飞工厂(增值税一般纳税人)2010 年 1 月份发生下列业务：

(1) 3 日，从银行提取现金 12000 元(凭证 22)。

(2) 4 日，收到长江厂还来前欠货款 50000 元，存入银行(凭证 23、凭证 24)。

(3) 5 日，向东风工厂购入 A 材料 3000 公斤，单价 10 元，货款共计 30000 元，税金 5100 元；B 材料 4000 公斤，单价 5 元，货款共计 20000 元，税金 3400 元。价税款尚未支付，材料尚未到达(凭证 25)。

(4) 6 日，供销部门采购员杨勇兵出差预借差旅费 2000 元，以现金支付(凭证 26)。

(5) 7 日，出售给长江工厂甲产品 3500 件，货款 385000 元，增值税 65450 元，价税款尚未收到(凭证 27)。

(6) 8 日，行政部门胡红月前来报销业务招待费 500 元，财会部门审核后予以报销，并以现金支付(凭证 28 至凭证 31)。

(7) 9 日，通过银行收到红光公司投入资本 500000 元(凭证 32 至凭证 34)。

(8) 10 日，向夏普公司购入 B 材料 5000 公斤，单价 5 元，货款共计 25000 元，税金 4250 元，开出转账支票支付价税款，材料尚未到达(凭证 35、凭证 36)。

(9) 10 日，用银行存款发放上月职工工资 99700 元(凭证 37、凭证 38)。

(10) 11 日，行政部门李燕购买办公用品 780 元，前来报账。审核单据后，以现金付讫(凭证 39)。

(11) 12 日，长江工厂交来支票 150000 元，偿还所欠货款，支票已交存银行(凭证 40、凭证 41)。

(12) 13 日，开出转账支票向银行支付上月应交的所得税 12500 元(凭证 42、凭证 43)。

(13) 14 日，车间主任刘勇前来报销重庆万达设备修理厂支付的设备检修费，开出转账支票支付检修费 7300 元(凭证 44、凭证 45)。

(14) 15 日，向重庆华龙机械制造厂购入车床一台，取得增值税专用发票注明价款 150000 元，税金 25500 元，以转账支票付款。车床已投入使用(凭证 46 至凭证 48)。

(15) 16 日，企业向工商银行申请取得了半年期的生产周转借款 200000 元，款项已收到存入银行(凭证 49)。

(16) 17 日，职工李红出差归来，报销差旅费 2500 元，收回多余现金 500 元(凭证 50(车票、住宿发票等凭证略)、凭证 51)。

(17) 18 日，通过银行汇款支付所欠东风工厂购货款 90000 元(凭证 52)。

(18) 19 日，以银行存款支付电视台广告费 8500 元(凭证 53、凭证 54)。

(19) 20 日，收到银行手续费清单，支付本月结算手续费 100 元(凭证 55)。

(20) 21 日，出售给横生工厂乙产品 1900 件，货款 104500 元，增值税 17765 元，价税款通过银行已经收到(凭证 56、凭证 57)。

(21) 22 日，开出转账支票预付 2010 年 1 月～2010 年 6 月份办公室租金 30000 元(凭证 58、凭证 59)。

(22) 24 日，以银行存款偿还前欠夏普公司货款 80000 元(凭证 60)。

(23) 25 日，以现金 396 元向电信局支付上月电话费(凭证 61)。

(24) 26 日，在财产清查中，发现生产车间丢失电焊机 1 台，原价 9500 元，已提折旧 5200 元(凭证 62)。

(25) 30 日，预提本月银行短期借款利息 928.5 元(凭证 63)。

(26) 30 日，向东风工厂和夏普公司所购 A、B 材料全部到达验收入库(凭证 64、凭证 65)。

(27) 31 日，生产甲产品领用 A 材料 8200 公斤，单价 10 元，计 82000 元；领用 B 材料 6280 公斤，单价 5 元，计 31400 元。生产乙产品领用 B 材料 3420 公斤，单价 5 元，计 17100 元；车间一般耗用 B 材料 2500 公斤，单价 5 元，计 12500 元；厂部行政管理部门领用 A 材料 1000 公斤，单价 10 元，计 10000 元(凭证 66 至凭证 71)。

(28) 31 日，按规定计提本月固定资产折旧费 17687.2 元，其中车间为 14218 元，厂部管理部门为 3469.2 元(凭证 72)。

(29) 31 日，本月工资分配如下：甲产品生产工人工资 40000 元，乙产品生产工人工资 20000 元，车间管理人员工资 25900 元，厂部管理人员工资 22150 元(凭证 73)。

(30) 31 日，摊销本月应承担的财产保险费 1500 元，其中生产车间负担 1382 元，行政管理部门负担 118 元，摊销本月承担的办公室租金 5000 元(凭证 74)。

(31) 31 日，将本月归集的制造费用 54000 按甲、乙产品的生产工人工资进行分配(凭证 75)。

(32) 31 日，本月生产的 3570 件甲产品全部完工验收入库，结转完工产品生产成本；投产的乙产品尚未完工(凭证 76、凭证 77)。

(33) 31 日，结转本月份销售甲、乙产品的销售成本(凭证 78 至凭证 80)。

(34) 31 日，盘亏的财产物资处理如下：丢失的电焊机由保险公司赔偿 1000 元，其余计入营业外支出(凭证 81)。

(35) 31 日，计算并结转城市维护建设税及教育费附加(凭证 82)。

提示：在会计核算中，计算税金是没有原始凭证的，但税金是根据纳税申报表计算的。因此，在此以申报表的填列为依据来表示。

(36) 31 日，将收入类、费用类账户结转至“本年利润”账户(凭证 83)。

(37) 31 日，按利润总额的 25%计算并结转应交所得税(凭证 84)。

四、实验材料

(1) 收款凭证 10 张。

(2) 付款凭证 20 张。

(3) 转账凭证 20 张。

五、实验步骤

(一) 审核原始凭证

审核所取得或填制的原始凭证是否真实、合法、完整和准确。

(二) 选择适用的收、付、转记账凭证

根据经济业务的性质、内容,选择适用的收款凭证、付款凭证和转账凭证。

(三) 正确填制收、付、转记账凭证

根据审核无误的原始凭证,按照记账凭证的填制规范填制相应的收款凭证、付款凭证和转账凭证。

1. 记账凭证的基本内容

记账凭证虽然种类不一,填制依据各异,但各种记账凭证的主要作用都在于对原始凭证进行归类整理,运用账户和复式记账方法,编制会计分录,为登记账簿提供直接依据。因此,所有记账凭证都应满足记账的要求,都必须具备下列基本内容:记账凭证的名称,制凭证的日期和凭证的编号,经济业务的内容摘要,记账符号、账户(包括一级、二级或明细账户)名称和金额,所附原始凭证的张数,以及填制单位的名称及有关人员的签章。

2. 记账凭证的填制依据

记账凭证可以根据每一张原始凭证填制,也可以根据若干张同类原始凭证汇总填制,还可以根据原始凭证汇总表填制,但不得将不同内容和类别的原始凭证汇总填制在一张记账凭证上。

作为填制依据的原始凭证必须作为附件粘贴在其记账凭证的背面。除结账和更正错误的记账凭证可以不附原始凭证外,其他记账凭证必须附有原始凭证。如果一张原始凭证涉及几张记账凭证,可以把原始凭证附在一张主要的记账凭证后面,并在其他记账凭证上注明附有该原始凭证的记账凭证的编号或者附原始凭证复印件。一张原始凭证所列支出需要几个单位共同负担的,应当将其他单位负担的部分,开给对方原始凭证分割单,进行结算。原始凭证分割单必须具备原始凭证的基本内容:凭证名称,填制凭证日期,填制凭证单位名称或者填制人姓名,经办人的签名或者盖章,接受凭证单位名称,经济业务内容、数量、单价、金额和费用分摊情况等。

3. 记账凭证日期的填写

填写日期一般是会计人员填制记账凭证的当天日期,也可根据管理需要填写经济业务发生日期或月末日期。报销差旅费的记账凭证填写报销当天的日期;现金收付记账凭证填写办理现金收付的日期;银行收款业务记账凭证按财会部门收到银行进账单日期填写;银行付款业务记账凭证,按财会部门开出银行付款单据的日期或承付日期填写;属于计提和分配费用等转账业务应以当月最后的日期填写。

4. 经济业务内容摘要的填写

摘要栏是对经济业务的简要说明,必须用简明扼要的文字表达出经济业务的主要内容。填写要求为:一是真实准确,其内容要与所附原始凭证的内容相符;二是简明扼要,对经济业务内容表达要准确概括并书写工整。

5. 会计科目的填写

填写会计科目、子目应按现行会计制度规定填写全称，不得简化或变更名称，不得用科目编号或外文字母代替。

会计科目应按记账凭证格式填写，填写的顺序为：先填借方科目，后填贷方科目，科目之间不得留空格，遇有相同会计科目时，也要逐个填写科目全称，不得用“……”代替，使用会计科目图章时，要与横格底线平行端正。

记账凭证科目填制完毕后，如有空行，应当自金额栏最后一笔金额数字下的空行处至合计数上的空行处划线注销。

6. 金额的填写

金额栏的填写应与会计科目及摘要相联系，借方科目的金额填写在借方金额栏，贷方科目的金额填写在贷方金额栏。金额栏填写完毕后，如有空行，应当自金额栏最后一笔金额数字下的空行处至合计处上的空行处划线注销。

7. 记账凭证的编号

记账凭证在一个月内应当连续编号。通用凭证按经济业务的顺序编号；收款凭证、付款凭证和转账凭证可采用“字号编号法”，即收字第×号、付字第×号、转字第×号。也可采用“双重编号法”，即总字顺序编号与类别顺序编号相结合，如某收款凭证编号为总字第×号、收字第×号。一笔经济业务需要编制多张记账凭证时，采用“分数编号法”，如某项经济业务需要编制三张转账凭证，而该凭证的顺序号为 7 时，编号为 71/3，72/3，73/3。

8. 记账凭证的传递

记账凭证填制完毕后，交稽核员审核，然后交会计主管签章，记账人员登记账册并签章，会计凭证应及时传递不得积压。

（四）专用记账凭证的填制方法

1. 收款凭证的填制方法

收款凭证根据现金和银行存款收款业务的原始凭证填制。收款凭证左上方的“借方科目（或账户）”，应填写“库存现金”或“银行存款”；右上方应填写凭证编号。收款凭证的编号一般按“现收××号”和“银收××号”分类，业务量少的单位也可不分“现收”与“银收”，而按收款业务发生的先后顺序统一编号，如“收字××号”。“摘要”栏内填写经济业务的内容梗概；“贷方科目（或账户）”栏内填写与“库存现金”或“银行存款”科目对应的总账（一级）及其所属明细（二级）科目；“金额”栏内合计数必须是实际收到的现金或银行存款数额；“记账符号”栏供记账人员根据收款凭证登记有关账簿后做记号用，表示该项金额已经记入有关账户，以避免重记或漏记。

2. 付款凭证的填制方法

付款凭证根据现金和银行存款付款业务的原始凭证填制。付款凭证的填制方法与收款凭证基本相同。不同的只是在付款凭证的左上方应填列“贷方科目（或账户）”，也应填写“库存现金”或“银行存款”，这是因为现金和银行存款的减少应记账户的贷方；付款凭证的对方科目为“借方科目（或账户）”，需要填写与现金或银行存款支出业务有关的总账（一级）及其所属明细（二级）科目。

3. 转账凭证的填制方法

转账凭证根据不涉及现金和银行存款收付款业务的原始凭证填制，部分转账凭证是根据账簿记录填制，如将收入类、费用类账户的月末余额转入“本年利润”账户；将“本年利润”账户的年末余额转入“利润分配”账户，以及更正账簿错误等。转账业务没有固定的账户对应关系，因此在转账凭证中，“总账科目”栏内先填列借方科目，并将其对应的记账金额填列在“借方金额”栏内，借方金额与借方科目要在同一行。借方科目全部填列完毕之后，在最后一个借方科目所在一行的下一行填列贷方科目，其对应的记账金额填列在“贷方金额”栏内，贷方金额与贷方科目要在同一行，即借方科目与贷方科目都在同一“总账科目”、“明细科目”栏内，而借方科目的金额与贷方科目的金额既不在同一行内，也不在同一“金额”栏内填列。

（五）审核记账凭证

（1）审核记账凭证是否附有原始凭证，所附原始凭证的张数、经济内容、金额合计是否与记账凭证一致。

（2）审核应借、应贷账户的名称和金额是否正确，账户对应关系是否清晰，所用会计科目是否符合会计制度的规定。

（3）审核记账凭证的项目是否全部填制齐全，有关人员是否签名或盖章。

（4）对审核后的记账凭证进行处理。

审核中如发现记账凭证有错误的，应查明原因，明确责任，并按规定的方法予以更正。只有经过审核无误的记账凭证才能作为登记账簿的依据。

六、实验总结

1. 完成实验思考题

（1）记账凭证应具备哪些基本内容？

（2）记账凭证的种类有哪些？它们的适用范围如何？

（3）填制记账凭证应符合哪些具体要求？

2. 编写实验报告

附录:2010 年 1 月发生的部分经济业务取得的外来原始凭证及空白凭证

凭证 1

中国工商银行现金支票存根

支票号码Ⅻ Ⅲ 00124351

科目

对方科目

出票日期　　年　月　日

收款人:
金额:
用途:

单位主管:　　　会计:

复核:　　　记账:

中国工商银行现金支票　　Ⅻ Ⅲ 00124351

出票日(写):　　年　月　日　　付款行名称:

收款人:　　　　出票人账号:

人民币 (大写)	千	百	十	万	千	百	十	元	角	分

用途:________　　科目(借)________

以上款项请从　　对方科目(贷)________

我账户内支付　　付讫日期　年　月　日

出票人签章　　出纳　复核　记账

贴对号单处

凭证 1 说明

银行支票是出票人签发的、委托办理支票存取业务的银行在见票时无条件支付确定金额给收款人或者持票人的票据。支票结算是同城结算中应用比较广泛的一种结算方式。单位和个人在同一票据交换区域的各种款项结算，均可以使用支票。支票由银行统一印制，支票上印有"现金"字样的为现金支票，只能用于支取现金；支票上印有"转账"字样的为转账支票，只能用于转账。

各单位使用现金支票时，必须按《现金管理暂行条例》中的现金使用范围及有关要求办理。

1. 签发现金支票必须写明收款单位名称或收款人姓名，并只准收款方或签发单位持票向银行提取现金或办理转账结算，不得将现金支票流通。

2. 签发现金支票首先必须查验银行存款是否有足够的余额，签发的支票金额必须在银行存款账户余额以内，不准超出银行存款账户余额签发空头支票。

现金支票的使用方法如下：

1. 支票领购。须填写《票据和结算凭证领用单》，并签章，签章须与预留银行的签章相符，结清账户时，须将全部剩余空白支票交回开户行注销。

2. 签发支票。必须使用墨水或碳素墨水笔填写支票内容，并盖章签名。填写现金支票时应注意：

(1) 阿拉伯小写金额数字前面，均应填写人民币符号"¥"。小写金额数字要认真填写，不得连写分辨不清。

(2) 票据的出票日期必须使用中文大写。为了防止变造票据的出票日期，应注意：壹月、贰月前零字必写，叁月至玖月前零字可写可不写；拾月至拾贰月必须写成壹拾月、壹拾壹月、壹拾贰月（前面多写了"零"字也认可，如零壹拾月）；壹日至玖日前零字必写，拾日至拾玖日必须写成壹拾日及壹拾×日（前面多写了"零"字也认可，如零壹拾伍日，下同），贰拾日至贰拾玖日必须写成贰拾日及贰拾×日，叁拾日至叁拾壹日必须写成叁拾日及叁拾壹日。票据出票日期使用小写填写的，银行不予受理。

(3) 现金支票的用途有一定限制，一般填写"备用金"、"差旅费"、"工资"、"劳务费"等。

(4) 现金支票收款人可写为本单位名称或收款人个人姓名。当收款人为本单位名称时，现金支票背面"被背书人"栏内加盖本单位的财务专用章和法人章，之后收款人可凭现金支票直接到开户银行提取现金。当收款人为收款人个人姓名时，现金支票背面不盖任何章，收款人在现金支票背面填上身份证号码和发证机关名称，凭身份证和现金支票签字领款。

(5) 付款行名称、出票人账号即为本单位开户银行名称及银行账号。

(6) 盖章。支票正面盖财务专用章和法人章，缺一不可，印泥为红色，印章必须清晰，印章模糊只能将本张支票作废，换一张重新填写重新盖章。反面盖章与否取决于不同类型的"收款人"（详见(4)）。

3. 支票背书。收款人持票到银行收款时，需向银行出示本人身份证，并在支票背面签章。

4. 支票挂失。支票遗失，可在贷款期内向付款银行申请挂失，如挂失前已支付，银行则不予受理。

凭证 2

借 款 单

年　月　日　　　　第　　号

借款单位		金　额							
人民币 （大写）		十	万	千	百	十	元	角	分
借款事由：									

领导批示	财务负责人	借款单位负责人	借款人

凭证 3

中国工商银行转账支票存根

支票号码Ⅻ Ⅲ 00473524

科目

对方科目

出票日期　　年　月　日

收款人：
金额：
用途：

单位主管：　　　　会计：

复核：　　　　　　记账：

中国工商银行转账支票　　Ⅻ Ⅲ 00473524

出票日(写)：　　年　月　日　　付款行名称：

收款人：　　　　　　　　　　　出票人账号：

人民币 （大写）	千	百	十	万	千	百	十	元	角	分

用途：________　　　　科目(借)________

以上款项请从　　　　　对方科目(贷)________

我账户内支付　　　　　付讫日期　　年　月　日

出票人签章　　　　　　出纳　　复核　　记账

贴对号单处

凭证 2 说明

关于借款单的填制要求与规定

1. 借款单上各项目必须按照其具体内容认真填写，字迹清楚。
2. “借款人”一般应由借款人本人签字，不得随意以他人名义借款。
3. “借款金额”大写、小写都要顶格填写、字迹清楚可认，不得擅自涂改。
4. “借款事由”可简明扼要填写，但必须填写。
5. “领导批示”由经办人根据经费审批权限的规定及经费部门隶属关系报相关的领导签批。

凭证 3 说明

转账支票使用说明

1. 必须使用墨水或碳素墨水笔填写支票内容，并盖章签名。

2. 收款人应填写为对方单位名称。转账支票背面本单位不盖章。收款单位取得转账支票后，在支票背面被背书栏内加盖收款单位财务专用章和法人章，填写好银行进账单后连同该支票交给收款单位的开户银行委托银行收款。

3. 转账支票的用途没有具体规定，可填写如“货款”、“代理费”等。

4. 其余项目的填写方法参见现金支票的填写方法。

凭证 4

重庆增值税专用发票

5001044784 No:00079372

发　票　联

开票日期：　　年　　月　　日

购货单位	名　　称： 纳税人识别号： 地 址、电 话： 开户行及账号：				密码区		
货物或应税劳务名称	规格型号	单位	数量	单价	金额	税率	税额
合　计							
价税合计(大写)					(小写)		
销货单位	名　　称： 纳税人识别号： 地 址、电 话： 开户行及账号：				备注		

收款人：　　　　复核：　　　　开票人：　　　　销货单位：(章)

凭证 5

产成品出库单

仓库名称：产成品库　　　　年　　月　　日　　　　No:20100704

产品名称	规　格	计量单位	数　量		单位成本	总成本
			应发	实发		
合计						

第二联　记账联

仓库主管：　　　　记账：　　　　发货人：　　　　经办人：

凭证 4 说明

专用发票，是增值税一般纳税人（以下简称一般纳税人）销售货物或者提供应税劳务开具的发票，是购买方支付增值税额并可按照增值税有关规定据以抵扣增值税进项税额的凭证。一般纳税人应通过增值税防伪税控系统（以下简称防伪税控系统）使用专用发票。发票使用，包括领购、开具、缴销、认证纸质专用发票及其相应的数据电文。

专用发票由基本联次或者基本联次附加其他联次构成，基本联次为三联：发票联、抵扣联和记账联。发票联，作为购买方核算采购成本和增值税进项税额的记账凭证；抵扣联，作为购买方报送主管税务机关认证和留存备查的凭证；记账联，作为销售方核算销售收入和增值税销项税额的记账凭证。其他联次用途，由一般纳税人自行确定。

专用发票应按下列要求开具：项目齐全，与实际交易相符；字迹清楚，不得压线、错格；发票联和抵扣联加盖财务专用章或者发票专用章；按照增值税纳税义务的发生时间开具。对不符合上列要求的专用发票，购买方有权拒收。

一般纳税人销售货物或者提供应税劳务可汇总开具专用发票。汇总开具专用发票的，同时使用防伪税控系统开具《销售货物或者提供应税劳务清单》，并加盖财务专用章或者发票专用章。

凭证 6

中国工商银行转账支票存根

支票号码Ⅻ Ⅲ 00478432

科目

对方科目

出票日期　　年　月　日

收款人：	
金额：	
用途：	

单位主管：　　会计：

复核：　　记账：

中国工商银行转账支票　　Ⅻ Ⅲ 00478432

出票日(写)：　　年　　月　　日　　付款行名称：

收款人：　　出票人账号：

人民币(大写)	千	百	十	万	千	百	十	元	角	分

用途：________　　科目(借)________

以上款项请从　　对方科目(贷)________

我账户内支付　　付讫日期　　年　月　日

出票人签章　　出纳　　复核　　记账

贴对号单处

凭证 7

收　料　单

供货单位：

发票号码：　　年　　月　　日　　No：000071109

材料编号	材料名称及规格	计量单位	数量		价格	
			应收	实收	单价	金额
备注：					合计	

第二联　记账联

仓库负责人：　　记账：　　仓库保管：　　质量检验员：

凭证 8

重庆市财政局统一收据

年　　月　　日　　No. 00201472

付款单位____________　　收款方式__________

人民币(大写)________________________

收款事由____________

第二联　记账凭证

收款单位：(印章)　　财务主管：　　出纳：

凭证 7 说明

收料单的填写方法

1. 收料单必须做到当天收料，当天开票。

2. 出具的收料单据必须书写整齐、字迹工整和清晰，单据上应在有关人员签字后方可生效，收料单一式三份，当日内签字完毕。

3. 收料单不能随意乱撕，若有书写错误注明“作废”，保证收料单的编号齐全。

4. 供应单位：户主（供方）、发票号数根据发票填写。

5. 书写必须字体工整、清楚，1～3 联复印必须清晰，并将第二联交于供货方，第三联交财务每月结算挂账。

6. 收料单上必须有项目经理、收料员和门卫三人签字，并加盖项目经理私章、材料公章，方可有效。若有漏签者，须重新加垫复写纸签上，不得在单张票据上补签；否则视为废票，不予结算。

凭证 9

领 料 单

领料部门：

用途：　　　　　　　　　　年　　月　　日　　　　　　　　凭证编号：03045

材料编号	材料名称及规格	计量单位	数 量		价 格	
			应领	实领	单价	金额
备注：					合计	

第二联 记账联

记账：（印）　　　审批人：（印）　　　领料人：（印）　　　发料人：（印）

凭证 10

费 用 报 销 单

年　　月　　日　　　　　　　　字第 00124 号

费用名称	摘 要	金 额									
		千	百	十	万	千	百	十	元	角	分
合计金额（大写）											

附单据　　张

主管：　　　会计：　　　复核：　　　出纳：　　　报销人：

凭证 9 说明

领料单要“一料一单”地填制，即一种原材料填写一张单据，一般一式四联。第一联为存根联，留领料部门备查；第二联为记账联，留会计部门作为出库材料核算依据；第三联为保管联，留仓库作为记材料明细账依据；第四联为业务联，留供应部门作为物资供应统计依据。领料单由车间经办人员填制，车间负责人、领料人、仓库管理员和发料人均须在领料单上签字，无签章或签章不全的均无效，不能作为记账的依据。

凭证 11

领　料　单

领料部门:第一车间

用途:生产甲产品　　　　2010 年 1 月 12 日　　　　凭证编号:03046

材料编号	材料名称及规格	计量单位	数　量		价　格	
			应领	实领	单价	金额
1102	B 材料	公斤	1600	1600	5	8000
备注:					合计	¥8000

第二联　记账联

记账:张萌　　　　审批人:李阳　　　　领料人:杨灿　　　　发料人:宋波

凭证 12

领　料　单

领料部门:第一车间

用途:生产乙产品　　　　2010 年 1 月 12 日　　　　凭证编号:03047

材料编号	材料名称及规格	计量单位	数　量		价　格	
			应领	实领	单价	金额
1101	A 材料	公斤	1200	1200	10	12000
备注:					合计	¥12000

第二联　记账联

记账:张萌　　　　审批人:李阳　　　　领料人:杨灿　　　　发料人:宋波

凭证 13

领　料　单

领料部门:第二车间

用途:生产甲产品　　　　　　2010 年 1 月 15 日　　　　　　凭证编号:03048

材料编号	材料名称及规格	计量单位	数　量		价　格	
			应领	实领	单价	金额
1101	A 材料	公斤	500	500	10	5000
备注:					合计	￥5000

第二联　记账联

记账:张萌　　　　审批人:李阳　　　　领料人:王宏　　　　发料人:宋波

凭证 14

领　料　单

领料部门:第二车间

用途:生产乙产品　　　　　　2010 年 1 月 15 日　　　　　　凭证编号:03049

材料编号	材料名称及规格	计量单位	数　量		价　格	
			应领	实领	单价	金额
1102	B 材料	公斤	1200	1200	5	6000
备注:					合计	￥6000

第二联　记账联

记账:张萌　　　　审批人:李阳　　　　领料人:王宏　　　　发料人:宋波

凭证 15

领　料　单

领料部门：第一车间

用途：一般性消耗　　　　2010 年 1 月 16 日　　　　凭证编号：03050

材料编号	材料名称及规格	计量单位	数量		价格	
			应领	实领	单价	金额
1102	B 材料	公斤	600	600	5	3000
备注：					合计	¥3000

第二联　记账联

记账：张萌　　审批人：李阳　　领料人：杨灿　　发料人：宋波

凭证 16

领　料　单

领料部门：厂部

用途：小汽车耗用　　　　2010 年 1 月 18 日　　　　凭证编号：03051

材料编号	材料名称及规格	计量单位	数量		价格	
			应领	实领	单价	金额
1601	润滑油	公斤	20	20	5	100
备注：					合计	¥100

第二联　记账联

记账：张萌　　审批人：李阳　　领料人：何勇　　发料人：张妍

凭证 17

领　料　单

领料部门：销售科

用途：促销　　　　　　　　2010 年 1 月 20 日　　　　　　　　凭证编号：03052

材料编号	材料名称及规格	计量单位	数量		价格	
			应领	实领	单价	金额
2101	包装物	个	10	10	400	4000
备注：					合计	¥4000

第二联　记账联

记账：张萌　　　　审批人：李阳　　　　领料人：陈永华　　　　发料人：廖力

凭证 18

发料汇总表

附领料单 8 份　　　　　　　　年　　月　　日

类别 领用部门		原料						辅助材料 （润滑油）			周转材料 （包装物）			合计
		A 材料			B 材料									
		数量	单价	金额	数量	单价	金额	数量	单价	金额	数量	单价	金额	
第一车间	甲产品													
	乙产品													
	一般消耗													
第二车间	甲产品													
	乙产品													
	一般消耗													
管理部门														
销售部门														
合　计														

会计主管：　　　　　　　　审核：　　　　　　　　制单：

凭证 19

固定资产折旧提取表

2010 年 1 月

部门 \ 类别 \ 项目		月初应计提折旧的固定资产原值	折旧	
			月折旧率	折旧额
第一车间	房屋及建筑物	350000	0.8%	
	机器设备	328000	1.2%	
	其　他	72000	0.6%	
	小　计	750000		
第二车间	房屋及建筑物	480000	0.8%	
	机器设备	234000	1.2%	
	其　他	67300	0.6%	
	小　计	781300		
行政管理部门	房屋及建筑物	327600	0.8%	
	其　他	141100	0.6%	
	小　计	468700		
合　计	房屋及建筑物	1157600	0.8%	
	机器设备	562000	1.2%	
	其他	280400	0.6%	
小　计		￥2000000		

凭证 20

制造费用分配表

年　　月　　日

分配对象		分配标准（生产工时）	分配率	分配金额
第一车间	甲产品			
	乙产品			
	小计			
第二车间	甲产品			
	乙产品			
	小计			
合　计				

主管：　　　　审核：　　　　制表：

凭证 21

产成品入库单

仓库名称:产成品库　　　　　　　　　　年　　月　　日　　　　　　　　　　No:00478121

<table>
<tr><th rowspan="2">产品名称</th><th rowspan="2">规格</th><th rowspan="2">计量单位</th><th colspan="2">数　量</th><th rowspan="2">单位成本</th><th rowspan="2">总成本</th><th rowspan="2">送验单位</th></tr>
<tr><th>送验</th><th>实收</th></tr>
<tr><td></td><td></td><td></td><td></td><td></td><td></td><td></td><td rowspan="3"></td></tr>
<tr><td></td><td></td><td></td><td></td><td></td><td></td><td></td></tr>
<tr><td>合　计</td><td></td><td></td><td></td><td></td><td></td><td></td></tr>
</table>

仓库主管:　　　　　　　　记账:　　　　　　　　验收:　　　　　　　　送验人:

凭证 22

中国工商银行
现金支票存根

BB

00540712

02

附加信息

出票日期 2010 年 1 月 3 日

收款人:华飞工厂

金额:¥12000

用途:备用金

单位主管:张海洋　　　　　会计:张萌

凭证 23

中国工商银行进账单(回单)

2010 年 1 月 4 日

中国人民银行重庆营业管理部监制

<table>
<tr><td rowspan="3">出票人</td><td>全　　称</td><td colspan="5">长江工厂</td><td colspan="4">票据种类</td><td colspan="3">转支</td></tr>
<tr><td>账　　号</td><td colspan="5">120000447841154</td><td colspan="4">票据张数</td><td colspan="3">壹张</td></tr>
<tr><td>开户银行</td><td colspan="5">工行重庆大渡口支行</td><td colspan="4">票据号码</td><td colspan="3">00447845</td></tr>
<tr><td colspan="3" rowspan="2">人民币伍万元整
(大写)</td><td>亿</td><td>千</td><td>百</td><td>十</td><td>万</td><td>千</td><td>百</td><td>十</td><td>元</td><td>角</td><td>分</td></tr>
<tr><td></td><td></td><td></td><td>¥</td><td>5</td><td>0</td><td>0</td><td>0</td><td>0</td><td>0</td><td>0</td></tr>
<tr><td rowspan="3">收款人</td><td>全　　称</td><td colspan="3">华飞工厂</td><td colspan="9" rowspan="4">(受票银行盖章)</td></tr>
<tr><td>账　　号</td><td colspan="3">200066838324</td></tr>
<tr><td>开户银行</td><td colspan="3">工行大同街分理处</td></tr>
<tr><td>备注</td><td colspan="4"></td></tr>
</table>

此联送票人作送票依据

此联仅作送票依据,不作提货依据;书写时请注意切勿污染第二联磁码打印区域

凭证 24

中国工商银行进账单(收账通知)

2010 年 1 月 4 日

<table>
<tr><td rowspan="3">出票人</td><td colspan="3">全　　称</td><td colspan="8">长江工厂</td></tr>
<tr><td colspan="3">账　　号</td><td colspan="8">120000447841154</td></tr>
<tr><td colspan="3">开户银行</td><td colspan="8">工行重庆大渡口支行</td></tr>
<tr><td rowspan="2">人民币</td><td>亿</td><td>千</td><td>百</td><td>十</td><td>万</td><td>千</td><td>百</td><td>十</td><td>元</td><td>角</td><td>分</td></tr>
<tr><td></td><td></td><td></td><td>¥</td><td>5</td><td>0</td><td>0</td><td>0</td><td>0</td><td>0</td><td>0</td></tr>
<tr><td rowspan="3">收款人</td><td colspan="3">全　　称</td><td colspan="8">华飞工厂</td></tr>
<tr><td colspan="3">账　　号</td><td colspan="8">200066838324</td></tr>
<tr><td colspan="3">开户银行</td><td colspan="8">工行大同街分理处</td></tr>
</table>

此联作持票人收账通知

(收款行盖章)

凭证 25

陕西增值税专用发票

No:00784125

发票联

开票日期:2010 年 1 月 5 日

购货单位	名　　称:华飞工厂 纳税人识别号:500104478423622 地址、电话:重庆市经开区大同街 10 号 开户银行及账号:工行大同街分理处 200066838324				密码区	略	
商品或劳务名称	规格型号	单位	数量	单价	金　额	税率	税　额
A 材料		公斤	3000	10	30000.00	17%	5100.00
B 材料		公斤	4000	5	20000.00	17%	3400.00
合　计					¥50000.00		¥8500.00
价税合计(大写)	人民币伍万捌仟伍佰元整　　(小写)¥58500.00						
销货单位	名　　称:陕西东风工厂 纳税人识别号:400012788125477 地址、电话:西安市东城经济开发区人民路　71004574 开户银行及账号:工行西安市东城区支行　19004751447528974 4				备注		

第二联:发票联　购货方记账凭证

收款人:李新阳　　复核:刘彬彬　　开票人:汪路路　　销货单位(章):

凭证 26

借　款　单

2010 年 1 月 6 日　　第 201028 号

借款单位	供销部门	金　　额							
人民币　贰千元整 (大写)		十	万	千	百	十	元	角	分
			¥	2	0	0	0	0	0
借款事由:采购材料									

领导批示	财务负责人	借款单位负责人	借款人
陈劲松	张海洋	赵亚冰	杨勇兵

凭证 27

重庆增值税专用发票

No:00478452

此联不作报销、扣税凭证使用

开票日期:2010 年 1 月 7 日

购货单位	名　　称:长江工厂 纳税人识别号:500011778742147 地 址、电 话:重庆市大渡口钢铁路 78 号　68774151 开户银行及账号:工行重庆大渡口支行　120000447841154					密码区	略
商品或劳务名称 甲产品	规格型号	单位 件	数量 3500	单价 110	金额 385000.00	税率 17%	税额 65450.00
价税合计(大写)	人民币肆拾伍万零肆佰伍拾元整　　(小写)¥450450.00						
销货单位	名　　称:华飞工厂 纳税人识别号:500104478423622 地 址、电 话:重庆市经开区大同街 10 号 开户银行及账号:工行大同街分理处 200066838324					备注	

第四联:记账联　销货方记账凭证

收款人:　　复核:　　开票人:张萌　　销货单位(章):

凭证 28

费 用 报 销 单

2010 年 1 月 8 日　　字第 12 号

费用名称	摘　要	金额 千	百	十	万	千	百	十	元	角	分
业务招待费	行政部门接待客户						5	0	0	0	0
合计金额						¥	5	0	0	0	0

附单据 3 张

主管:　　会计:张萌　　复核:　　出纳:李燕　　报销人:胡红月

凭证 29

重庆市定额专用发票

发　票　联

经营项目：　　　　　　　　　　发票代码:2500005000421

付款单位(个人)：　　　　　　　发票号码:11961457

开票日期年月日

查询代码:76 和发票号码

电话:(023)12366-2

短信:输入查询代码和密码发送至

　　012366(移动)12366(联通)　　　密　壹佰元

收款单位(盖章有效)　　　　　　　码　**¥:100.00**

凭证 30

重庆市定额专用发票

发　票　联

经营项目：　　　　　　　　　　发票代码:2500005000421

付款单位(个人)：　　　　　　　发票号码:11961463

开票日期年月日

查询代码:54 和发票号码

电话:(023)12366-2

短信:输入查询代码和密码发送至

　　012366(移动)12366(联通)　　　密　贰佰元

收款单位(盖章有效)　　　　　　　码　**¥:200.00**

凭证 31

重庆市定额专用发票

发　票　联

经营项目：　　　　　　　　　　发票代码:2500005000421

付款单位(个人)：　　　　　　　发票号码:11961464

开票日期年月日

查询代码:54 和发票号码

电话:(023)12366-2

短信:输入查询代码和密码发送至

　　012366(移动)12366(联通)　　　密　贰佰元

收款单位(盖章有效)　　　　　　　码　**¥:200.00**

凭证 32

中国工商银行进账单(回单)

2010 年 1 月 9 日

出票人	全　　称	红光公司	票据种类	转支
	账　　号	620000557414478	票据张数	壹张
	开户银行	工行重庆渝北区支行	票据号码	00074874
收款人	全　　称	华飞工厂		
	账　　号	200066838324		
	开户银行	工行大同街分理处		
备注			(受票银行盖章)	

人民币(大写)	亿	千	百	十	万	千	百	十	元	角	分
人民币伍拾万元整			¥	5	0	0	0	0	0	0	0

中国人民银行重庆营业管理部监制

此联送票人作送票依据

此联仅作送票依据,不作提货依据;书写时请注意切勿污染第二联磁码打印区域

凭证 33

中国工商银行进账单(收账通知)

2010 年 1 月 9 日

出票人	全　　称	红光公司
	账　　号	620000557414478
	开户银行	工行重庆渝北区支行
收款人	全　　称	华飞工厂
	账　　号	200066838324
	开户银行	工行大同街分理处

人民币	亿	千	百	十	万	千	百	十	元	角	分
			¥	5	0	0	0	0	0	0	0

此联作持票人收账通知

(收款行盖章)

凭证 34

投资协议书

甲方:红光公司

乙方:华飞工厂

经双方协商,甲方向乙方投资人民币伍拾万元整,期限 20 年,出资形式以银行存款支付,按投资比例分配利润。

甲方法人代表:刘红光	乙方法人代表:陈劲松
投资单位:红光公司	接受投资单位:华飞工厂
2010 年 1 月 9 日	2010 年 1 月 9 日

凭证 35

四川增值税专用发票

No:00841245

发票联

开票日期:2010 年 1 月 10 日

<table>
<tr><td>购货单位</td><td colspan="6">名　　称:华飞工厂
纳税人识别号:500104478423622
地 址、电 话:重庆市经开区大同街 10 号　84125103
开户银行及账号:工行大同街分理处　200066838324</td><td>密码区</td><td>略</td></tr>
<tr><td colspan="2">商品或劳务名称
B 材料
合　计</td><td>规格型号</td><td>单位
公斤</td><td>数量
5000</td><td>单价
5</td><td>金额
25000.00
¥25000.00</td><td>税率
17%</td><td>税额
4250
¥4250.00</td></tr>
<tr><td colspan="2">价税合计(大写)</td><td colspan="7">人民币贰万玖仟贰佰伍拾元整　　(小写)¥29250.00</td></tr>
<tr><td>销货单位</td><td colspan="6">名　　称:夏普公司
纳税人识别号:500044778574632
地 址、电 话:成都市经济开发区人民路　88147124
开户银行及账号:工行成都市经济开发区人民路　620001478457896213</td><td>备注</td><td></td></tr>
</table>

第二联:发票联　购货方记账凭证

收款人:沈洪　　复核:杨露　　开票人:夏天　　销货单位(章):

凭证 36

中国工商银行
转账支票存根

BB

00540785

02

附加信息

出票日期 2010 年 1 月 10 日

收款人:夏普公司

金额:¥29250.00

用途:货款

单位主管:张海洋　　　　会计:张萌

凭证 37

中国工商银行
转账支票存根

BB

00540790

02

附加信息

出票日期 2010 年 1 月 10 日

收款人:华飞工厂

金额:¥99700.00

用途:工资

单位主管:张海洋　　　　会计:张萌

凭证 38

工资结算汇总表

2010 年 1 月 10 日

部　　门	基本工资	岗位工资	应扣病事假工资	各种补贴	应付工资
生产工人	32000	20000	—	8000	60000
车间管理人员	12000	8600	5200	5300	20700
厂部管理人员	9800	7900	3150	4450	19000
合　　计	53800	36500	8350	17750	99700

凭证 39

重庆市商业统一发票

发票联

发票代码:150000721036

发票号码:01973849

购货单位:华飞工厂

2010 年 1 月 11 日

品名及规格	计量单位	数量	单价	金额								备注
				十	万	千	百	十	元	角	分	
英雄钢笔	支	10	22				2	2	0	0	0	
A4 打印纸	包	20	28				5	6	0	0	0	
合计金额(大写):人民币柒佰捌拾元整						¥	7	8	0	0	0	

重庆新世界公司
发票专用章（22）
500142541884574

第二联　报销联

收款单位(盖章有效)　　收款人:王玲　　开票人:张扬

凭证 40

中国工商银行进账单(回单)1

2010 年 1 月 12 日

中国人民银行重庆营业管理部监制

<table>
<tr><td rowspan="3">出票人</td><td>全　称</td><td colspan="3">重庆长江工厂</td><td colspan="4">票据种类</td><td colspan="3">转支</td></tr>
<tr><td>账　号</td><td colspan="3">120000447841154</td><td colspan="4">票据张数</td><td colspan="3">壹张</td></tr>
<tr><td>开户银行</td><td colspan="3">工行重庆大渡口支行</td><td colspan="4">票据号码</td><td colspan="3">01312127</td></tr>
<tr><td colspan="3" rowspan="2">人民币壹拾伍万元整
(大写)</td><td>亿</td><td>千</td><td>百</td><td>十</td><td>万</td><td>千</td><td>百</td><td>十</td><td>元</td><td>角</td><td>分</td></tr>
<tr><td></td><td></td><td>¥</td><td>1</td><td>5</td><td>0</td><td>0</td><td>0</td><td>0</td><td>0</td><td>0</td></tr>
<tr><td rowspan="3">收款人</td><td>全　称</td><td colspan="3">华飞工厂</td><td colspan="7" rowspan="4">(受票银行盖章)</td></tr>
<tr><td>账　号</td><td colspan="3">200066838324</td></tr>
<tr><td>开户银行</td><td colspan="3">工行大同街分理处</td></tr>
<tr><td>备注</td><td colspan="4"></td></tr>
</table>

此联送票人作送票依据

此联仅作送票依据,不作提货依据;书写时请注意切勿污染第二联磁码打印区域

凭证 41

中国工商银行进账单(收账通知)3

2010 年 1 月 12 日

<table>
<tr><td rowspan="3">出票人</td><td colspan="2">全　称</td><td colspan="9">重庆长江工厂</td></tr>
<tr><td colspan="2">账　号</td><td colspan="9">120000447841154</td></tr>
<tr><td colspan="2">开户银行</td><td colspan="9">工行重庆大渡口支行</td></tr>
<tr><td rowspan="2">人民币</td><td>亿</td><td>千</td><td>百</td><td>十</td><td>万</td><td>千</td><td>百</td><td>十</td><td>元</td><td>角</td><td>分</td></tr>
<tr><td></td><td></td><td>¥</td><td>1</td><td>5</td><td>0</td><td>0</td><td>0</td><td>0</td><td>0</td><td>0</td></tr>
<tr><td rowspan="3">收款人</td><td colspan="2">全　称</td><td colspan="9">华飞工厂</td></tr>
<tr><td colspan="2">账　号</td><td colspan="9">200066838324</td></tr>
<tr><td colspan="2">开户银行</td><td colspan="9">工行大同街分理处</td></tr>
</table>

此联是持票人开户银行交给持票人的收账通知

(收款行盖章)

凭证 42

中国工商银行
转账支票存根

BB

00419838

02

附加信息

出票日期 2010 年 1 月 13 日

收款人：重庆市经开区支金库

金额：¥12500

用途：支付税金

单位主管：张海洋　　　　会计：张萌

凭证 43

中华人民共和国
所得税税收缴款书

(2010)渝国缴电
1012457

隶属关系：市属企业　　　　电脑编号：040001-097865

经济类型：制造业　　填发日期：2010 年 1 月 13 日　　征收机关：经开区国税局

<table>
<tr><td rowspan="4">缴款单位(人)</td><td>代　码</td><td>500104478423622</td><td rowspan="3">预算科目</td><td>编码</td><td>048304</td></tr>
<tr><td>全　称</td><td>华飞工厂</td><td>名称</td><td>企业所得税</td></tr>
<tr><td>开户银行</td><td>工行大同街分理处</td><td>级次</td><td>中央、地方共享</td></tr>
<tr><td>账　号</td><td>200066838324</td><td colspan="2">收款国库</td><td>经开区支金库</td></tr>
<tr><td colspan="3">税款所属期 2009 年 12 月 1 日～2009 年 12 月 31 日</td><td colspan="3">税款限缴日期 2010 年 1 月 15 日</td></tr>
</table>

税　目	计税总额	税率/税额	已纳/抵扣额	入库金额(元)
所得税	50000.00	25%	0.00	12500.00
合计金额(大写)：人民币壹万贰仟伍佰元整				¥12500.00
缴款单位(人) (盖章) 经办人(章)	税务机关 税管员：程琳 开票：李飞 填票人(章)	上列款项已收妥并划转收款单位账户 国库(银行)盖章 2010 年 1 月 13 日		备注： 正常申报 预缴

第一联(收据)国库(银行)收款盖章后退缴款单位(人)作完税凭证

逾期不缴按税法规定加收滞纳金

凭证 44

重庆市修理修配统一发票

发票联　　(10)三 修万　　150000540032

客户名称:华飞工厂　　2010 年 1 月 14 日

修理修配项目名称	单位	数量	收费标准	材料费	金额 万	千	百	十	元	角	分
设备检修费						7	3	0	0	0	0
金额合计(大写)	人民币柒仟叁佰元整　(小写)¥7300.00										
结算方式	转账	开户银行	工行大同街分理处	账号	200066838324						
地　址	重庆市经开区大同街 10 号			备注							

第二联：报销凭证联

收款单位(盖章有效)：　　收款人:朱大有　　开票人:潘宏宇

凭证 45

中国工商银行
转账支票存根

BB

00419831

02

附加信息

出票日期 2010 年 1 月 14 日

收款人:重庆万达设备修理厂

金额:¥7300.00

用途:修理费

单位主管:张海洋　　会计:张萌

凭证 46

中国工商银行 转账支票存根
BB
00419839
02
附加信息

出票日期 2010 年 1 月 15 日

收款人:重庆华龙机械制造厂
金额:¥175500.00
用途:购车床款

单位主管:张海洋　　　　会计:张萌

凭证 47

重庆增值税专用发票

No:025714615000

发票联

开票日期:2010 年 1 月 15 日

<table>
<tr><td>购货单位</td><td colspan="6">名　　称:华飞工厂
纳税人识别号:500104478423622
地 址、电 话:重庆市经开区大同街 10 号　84125103
开户银行及账号:工行大同街分理处　200066838324</td><td>密码区</td><td colspan="2">略</td></tr>
<tr><td colspan="2">商品或劳务名称
车　床</td><td>规格型号</td><td>单位
台</td><td>数量
1</td><td>单价
150000</td><td>金额
150000.00</td><td>税率
17%</td><td>税额
25500.00</td></tr>
<tr><td colspan="2">价税合计(大写)</td><td colspan="7">人民币壹拾柒万伍仟伍佰元整　　　　(小写)¥175500.00</td></tr>
<tr><td>销货单位</td><td colspan="6">名　　称:重庆华龙机械制造厂
纳税人识别号:500108301102836
地 址、电 话:重庆市南岸区五公里　62754124
开户银行及账号:工行五公里分理处　26354710323158</td><td>备注</td><td colspan="2"></td></tr>
</table>

第二联:发票联　购货方记账凭证

收款人:郑秋霞　　　复核:杨洋　　　开票人:刘中心　　　销货单位(章):

凭证 48

固定资产验收单

2010 年 1 月 15 日　　　　No:075

固定资产名称		型号	计量单位		数量	供货单位		
车床		JC600	台		1	重庆华龙机械制造厂		
总价	设备费	安装费	运杂费	包装费	其他	合计	预计年限	净残值率
	150000.00					¥150000	10	2%
验收意见		合格	验收人签章		王大利	保管使用人签章		王长江

凭证 49

中国工商银行借款凭证

银行编号:467851　　　　2010 年 1 月 16 日

贷款单位	华飞工厂	贷款申请书编号	4574	贷款账号		存款账号	

贷款金额	人民币贰拾万元整	十	万	千	百	十	元	角	分	还款日期	2010 年 7 月 16 日
		2	0	0	0	0	0	0	0		

银行核定金额	人民币　贰拾万元整 (大写)	银行核定还款日期	2010 年 7 月 16 日
		银行实际放出日期	2010 年 1 月 16 日

兹向你行贷到上列贷款,到期时请凭此借据从本单位存款账户内收回	上项贷款已按银行核定金额发放,并收入你单位银行存款账户。 此致
中国工商银行重庆市分行 办事处 贷款单位(章)(盖章预留印鉴)	华飞工厂 银行签章 2010 年 1 月 16 日

记录	日期	还款金额	未还金额	记账员	复核员	日期	还款金额	未还金额	记账员	复核员

凭证 50

差旅费报销单

2010 年 1 月 17 日

出发地			到达地			公出补助			车船飞机费	卧铺	住宿费	市内车费	其他	合计金额
月	日	地点	月	日	地点	天数	标准	金额						
1	4	重庆	1	6	沈阳	12	15 元/天	180		680	960			1820
1	14	沈阳	1	16	重庆					680				680
														￥2500
合计人民币（大写） 贰仟伍佰元整														
备注														

单位领导:陈劲松　　财务主管:刘冰　　公出人姓名:李红　　审核人:周洋洋

凭证 51

收　据

2010 年 1 月 17 日　　No:000851

付款单位 李红　　收款方式现金

人民币(大写)伍佰元整　(小写)￥500.00

收款事由:退回借支差旅费多余款

第二联　记账凭证

收款单位:华飞工厂　　财务主管:张海洋　　出纳:李燕

凭证 52

中国工商银行电汇凭证(回单)1

No:00933485

□普通□加急　　日期:2009 年 1 月 18 日

汇款人	全　称	华飞工厂	收款人	全　称	陕西东风工厂									
	账　号	200066838324		账　号	19004751447528974 4									
	汇出地点	省重庆市/县		汇入地点	省西安市/县									
汇出行名称		中国工商银行大同街分理处	汇入行名称		工行西安市东城区支行									
金额	人民币　玖万元整 (大写)			亿	千	百	十	万	千	百	十	元	角	分
							¥	9	0	0	0	0	0	0
汇出行签章				支付密码	4135425446789541									
				附加信息及用途:货款 复核记账										

凭证 53

中国工商银行
转账支票存根

BB

00540808

02

附加信息

出票日期 2010 年 1 月 19 日

收款人:重庆电视台

金额:¥8500.00

用途:广告费

单位主管:张海洋　　　　会计:张萌

凭证 54

重庆市广告业专用发票

发票联

客户单位:重庆华飞工厂　　2010 年 1 月 19 日　　No:000784

项　目	规格	单位	数量	单价	金额								
					百	十	万	千	百	十	元	角	分
广告费				8500			¥	8	5	0	0	0	0
金额(大写):人民币捌仟伍佰元整													

第二联 发票联

单位(盖章)收款:　　开票:陈晓

凭证 55

中国工商银行收费凭证

2010 年 1 月 20 日　　第 4577781 号

交易代码	3106	交易序号	45	地区号	03100	网点号	00263	币种	人民币
收费方式	转账	费用种类	手续费						
户　名	华飞工厂	付费账号	200066838324			收费账号	15-222-99999		
费用金额	100	交易金额	200000.00			备注			

复核:赵城　　记账:李霞

凭证 56

重庆增值税专用发票

No:00478482

此联不作报销、扣税凭证使用

开票日期:2010 年 1 月 21 日

购货单位	名　　称:横生工厂 纳税人识别号:500045127841123 地址、电话:重庆市九龙坡区大件路 12 号　68773321 开户银行及账号:工行重庆九龙坡区支行　120000778489962					密码区	略
商品或劳务名称	规格型号	单位	数量	单价	金额	税率	税额
乙产品		件	1900	55	104500.00	17%	17765.00
价税合计(大写)	人民币壹拾贰万贰仟贰佰陆拾伍元整　　(小写)¥122265.00						
销货单位	名　　称:华飞工厂 纳税人识别号:500104478423622 地址、电话:重庆市经开区大同街 10 号　023-84125103 开户银行及账号:工行大同街分理处　200066838324					备注	

第四联:记账联　销货方记账凭证

收款人:　　复核:　　开票人:张萌　　销货单位(章):

凭证 57

中国工商银行进账单(收账通知)　　3

2010 年 1 月 21 日

出票人	全　　称			横生工厂							
	账　　号			120000778489962							
	开户银行			工行重庆九龙坡区支行							
人民币	亿	千	百	十	万	千	百	十	元	角	分
			¥	1	2	2	6	5	0	0	0
收款人	全　　称			华飞工厂							
	账　　号			200066838324							
	开户银行			工行大同街分理处							

此联作持票人收账通知

(收款行盖章)

凭证 58

中国工商银行

转账支票存根

BB

00540809

02

附加信息

出票日期 2010 年 1 月 22 日

收款人:重庆大华公司

金额:¥30000.00

用途:办公室租金

单位主管:张海洋　　　　会计:张萌

凭证 59

重庆市租赁业专用发票

发票联　　　　发票代码:500024788945

发票号码:62440123

承租方:重庆华飞工厂　　　　开票日期:2010 年 1 月 19 日

租赁项目	租赁日期							单位	数量	单价	金额							
	起			止			天数				十	万	千	百	十	元	角	分
	年	月	日	年	月	日												
办公楼	2010	1	1	2010	6	30	180					3	0	0	0	0	0	0
金额合计（大写）	人民币叁万元整										¥	3	0	0	0	0	0	0
备注																		

第二联　报销凭证

收款单位:英达实业公司　　　　收款人:李娜　　　　开票人:陈晓

纳税人识别号:500021478847472

凭证 60

中国工商银行信汇凭证(回单)

委托日期 2010 年 1 月 24 日　　　　No:0034251542

汇款人	全　称	华飞工厂	收款人	全　称	夏普公司							
	账　号	200066838324		账　号	620001478457896213							
	汇出地点	重庆市省市/县		汇出地点	四川省成都市/县							
汇出行名称		工行大同街分理处	汇入行名称		工行成都市经济开发区人民路							
金额	人民币捌万元整（大写）		亿	千	百	十	万	千	百	十	元	角	分
						¥	8	0	0	0	0	0	0
汇出行签章			支付密码									
			附加信息及用途: 复核记账									

此联汇出行给汇款人的回单

凭证 61

重庆市电信有限公司通信费发票

发票联

税务登记号:500104478423622　　　　　　　　　　发票代码:251030740132

企业代码:75307144-4　　　　　　　　　　　　　　发票号码:04775451

业务号码	84125103	计费时段	20091201-20091231	收费日期(盖章) 2010-01-26 收款员:040304
用户名称	陈劲松(设备数 2 部)			
应收金额	395.84	合同号	104061010124988	
实收金额	¥396.00 人民币(大写)叁佰玖拾陆元整			

项　目	金　额	项　目	金　额
基 本 费	25.00		
市 话 费	68.30		
区 话 费	65.50		
国内话费	149.04		
上 网 费	88		

上期结余	0.32	本期结余	0.48	预付款	0.00	付款方式	现金

第二联：报销凭证

注:1. 此发票无收款日戳无效。2. 逾期缴费按规定收取违约金。(手开无效)

凭证 62

固定资产盘盈盘亏报告表

2010 年 1 月 26 日

固定资产编号	固定资产名称	盘盈			盘亏			毁损			
		数量	重置价值	估计已提折旧	数量	原价	已提折旧	数量	原价	已提折旧	原因
	电焊机				1	9500	5200				
合计					1	9500	5200				

处理意见	单位处理意见	财务科意见	领导批示

清查小组人员签名:张海洋　李菲菲　张萌

凭证 63

利息计提计算表

2010 年 1 月 30 日

借款种类	借款日期	借款本金(元)	期限	年利率	本月计提(元)
短期借款	2009 年 9 月 1 日	80000	1 年	5.58%	372.00
短期借款	2009 年 11 月 1 日	40000	3 个月	4.77%	159
短期借款	2010 年 1 月 16 日	200000	6 个月	4.77%	397.50

主管:刘冰　　审核:周洋洋　　制单:张萌

凭证 64

收　料　单

供货单位:陕西东风工厂

发票号码:00784125　　2010 年 1 月 30 日　　No:201001205

材料名称及规格	计量单位	数　量		单价	金额	运杂费	金额合计
		应收	实收				
A 材料	公斤	3000	3000	10	30000		30000
B 材料	公斤	4000	4000	5	20000		20000

财务主管:张海洋　　记账:张萌　　仓库保管:李菲菲　　采购员:刘中心

凭证 65

收　料　单

供货单位:夏普公司

发票号码:00841245　　2010 年 1 月 30 日　　No:201001206

材料名称及规格	计量单位	数　量		单价	金额	运杂费	金额合计
		应收	实收				
B 材料	公斤	5000	5000	5	25000		25000

财务主管:张海洋　　记账:张萌　　仓库保管:李菲菲　　采购员:刘中心

凭证 66

发 料 汇 总 表

2010 年 1 月 31 日　　　　单位:元

会计科目	领料部门	原 材 料		合 计
		A 材料	B 材料	
生产成本	甲产品	82000	31400	113400
	乙产品		17100	17100
	小 计	82000	48500	130500
制造费用	生产车间		12500	12500
管理费用	厂 部	10000		10000
合 计		￥92000	￥61000	￥153000

会计主管:张海洋　　　　审核:张海洋　　　　制单:张萌

凭证 67

领 料 单

领料部门:生产车间

用途:生产甲产品　　　　2010 年 1 月 10 日　　　　凭证编号:201001

材料编号	材料名称及规格	计量单位	数 量		价 格	
			请领	实发	单价	金额
1101	A 材料	公斤	8200	8200	10	82000
备注:					合计	￥82000

第二联 记账联

记账:张萌　　　　审批人:李阳　　　　领料人:杨灿　　　　发料人:宋波

凭证 68

领　料　单

领料部门:生产车间

用途:生产甲产品　　　　2010 年 1 月 11 日　　　　凭证编号:201002

材料编号	材料名称及规格	计量单位	数量		价格	
			请领	实发	单价	金额
1102	B材料	公斤	6280	6280	5	31400
备注:					合计	¥31400

第二联　记账联

记账:张萌　　　　审批人:李阳　　　　领料人:杨灿　　　　发料人:宋波

凭证 69

领　料　单

领料部门:生产车间

用途:生产乙产品　　　　2010 年 1 月 12 日　　　　凭证编号:201003

材料编号	材料名称及规格	计量单位	数量		价格	
			请领	实发	单价	金额
1102	B材料	公斤	3420	3420	5	17100
备注:					合计	¥17100

第二联　记账联

记账:张萌　　　　审批人:李阳　　　　领料人:杨灿　　　　发料人:宋波

凭证 70

领　料　单

领料部门:生产车间

用途:一般消耗　　　　2010 年 1 月 14 日　　　　凭证编号:201004

材料编号	材料名称及规格	计量单位	数　量		价　格	
			请领	实发	单价	金额
1102	B材料	公斤	2500	2500	5	12500
备注:					合计	¥12500

第二联　记账联

记账:张萌　　　审批人:李阳　　　领料人:杨灿　　　发料人:宋波

凭证 71

领　料　单

领料部门:厂部

用途:一般消耗　　　　2010 年 1 月 20 日　　　　凭证编号:201005

材料编号	材料名称及规格	计量单位	数　量		价　格	
			请领	实发	单价	金额
1101	A材料	公斤	1000	1000	10	10000
备注:					合计	¥10000

第二联　记账联

记账:张萌　　　审批人:李阳　　　领料人:杨灿　　　发料人:宋波

凭证 72

固定资产折旧计算表

2010 年 1 月 31 日

固定资产类别	固定资产项目	月初计提固定资产原价	月折旧率	本月应计提折旧额
生产用固定资产	房屋建筑物	830000	0.8%	6640
	机器设备	562000	1.2%	6744
	其　他	139000	0.6%	834
	小　计	1531000		14218
非生产用固定资产	房屋及建筑物	327600	0.8%	2620.8
	其　他	141400	0.6%	848.4
	小　计	468700		3469.2
合　计		￥2000000		￥17687.2

会计主管:张海洋　　审核:张海洋　　制单:张萌

凭证 73

工资费用分配表

2010 年 1 月 31 日　　单位:元

车间、部门		应分配金额
车间生产人员工资	甲产品	40000
	乙产品	20000
车间管理人员		25900
厂部管理人员		22150
合　计		￥108050

会计主管:张海洋　　审核:张海洋　　制单:张萌

凭证 74

预付费用分摊计算表

2010 年 1 月 31 日　　　　单位:元

项目 部门	财产保险费			房 租 费		
	预付总额	本期摊销	未摊销金额	预付总额	本期摊销	未摊销金额
管理部门	1416	118	0	30000	5000	25000
生产车间	16584	1382	0			

会计主管:张海洋　　　　审核:张海洋　　　　制单:张萌

凭证 75

制造费用分配表

2010 年 1 月 31 日　　　　单位:元

分配对象	分配标准 (生产工人工资)	分 配 率	分配金额
甲产品			
乙产品			
合 计			

会计主管:张海洋　　　　审核:张海洋　　　　制单:张萌

凭证 76

产品生产成本计算单

2010 年 1 月 31 日　　　　单位:元

成本项目	甲 产 品			乙 产 品		
	月初余额	本月发生	合计	月初余额	本月发生	合计
直接材料						
工资及福利费						
制造费用						
合 计						

会计主管:张海洋　　　　审核:张海洋　　　　制单:张萌

凭证 77

产成品入库单

仓库名称：产成品库　　　　2010 年 1 月 31 日　　　　No：20101235

产品名称	规格	计量单位	数量		单位成本	总成本	送验单位
			送验	实收			
甲产品		件					生产车间
合　计							

仓库主管：李菲菲　　　　记账：张萌　　　　验收：马青　　　　送验人：刘霞

凭证 78

产品销售成本计算单

2010 年 1 月 31 日　　　　单位：元

产品名称	计量单位	销售数量	单位成本	总成本
合　计				

会计主管：张海洋　　　　审核：张海洋　　　　制单：张萌

凭证 79

产成品出库单

仓库名称：产成品库　　　　2010 年 1 月 7 日　　　　No：20101001

产品名称	规　格	计量单位	数量		单位成本	总成本(元)
			请发	实发		
甲产品		件	3500	3500		
合　计			3500	3500		

第二联　记账联

仓库主管：李菲菲　　　　记账：张萌　　　　发货人：于巍　　　　经办人：石晓军

凭证 80

产成品出库单

仓库名称:产成品库　　2010 年 1 月 21 日　　No:20101002

产品名称	规　格	计量单位	数　量		单位成本	总成本(元)
			请发	实发		
乙产品		件	1900	1900		
合　计			1900	1900		

第二联　记账联

仓库主管:李菲菲　　记账:张萌　　发货人:于巍　　经办人:石晓军

凭证 81

固定资产盘盈盘亏处理单

2010 年 1 月 31 日

固定资产编号	固定资产名称	盘　盈			盘　亏			毁　损			原因
		数量	重置价值	估计已提折旧	数量	原价	已提折旧	数量	原价	已提折旧	
	电焊机				1	9500	5200				
合　计					1	￥9500	￥5200				
处理意见	单位处理意见			财务科意见			领导批示				
	保险公司赔偿 1000 元，其余由企业承担			转入营业外支出 张海洋			同意财务科意见陈劲松				

清查小组人员签名:张海洋　李菲菲　张萌

凭证 82

地方税务局各种税款申报表

填表日期 2010 年 1 月 31 日

纳税人识别号：

5	0	0	1	0	4	4	7	8	4	2	3	6	2	2

<table>
<tr><td>纳税人名称</td><td colspan="2">华飞工厂</td><td>税款所属期</td><td colspan="3">2010 年 1 月 1 日至 1 月 31 日</td></tr>
<tr><td>计税依据</td><td>计税金额</td><td>税率</td><td>应纳税额</td><td>已纳税额</td><td colspan="2">应补(退)税额</td></tr>
<tr><td>1</td><td>2</td><td>3</td><td>4=2×3</td><td>5</td><td colspan="2">6</td></tr>
<tr><td>城市维护建设税</td><td>45815.00</td><td>7%</td><td>3207.05</td><td></td><td colspan="2"></td></tr>
<tr><td>小　计</td><td></td><td></td><td>3207.05</td><td></td><td colspan="2"></td></tr>
<tr><td>教育费附加</td><td>45815.00</td><td>3%</td><td>1374.45</td><td></td><td colspan="2"></td></tr>
<tr><td>小　计</td><td></td><td></td><td>1374.45</td><td></td><td colspan="2"></td></tr>
<tr><td>总　计</td><td></td><td></td><td>¥4581.5</td><td></td><td colspan="2"></td></tr>
<tr><td colspan="3">如纳税人填报，由纳税人填写以下各栏</td><td colspan="4">如委托代理人填报，由代理人填写以下各栏</td></tr>
<tr><td rowspan="3">会计主管
张海洋
(签章)</td><td colspan="2" rowspan="3">纳税人张萌
(签章)</td><td>代理人名称</td><td></td><td rowspan="2">代理人
(公章)</td><td rowspan="3"></td></tr>
<tr><td>代理人地址</td><td></td></tr>
<tr><td>经办人姓名</td><td></td><td>电　话</td></tr>
<tr><td colspan="7">以下由税务机关填写</td></tr>
<tr><td>收到申报表日期</td><td colspan="2"></td><td>接收人</td><td colspan="3"></td></tr>
</table>

凭证 83

损益类账户发生额表

账 户 名 称	借 方 金 额	贷 方 金 额

凭证 84

所得税计算表

2010 年 1 月 31 日

利润总额	纳税调整	计税金额	税 率	应交所得税额
	无		25%	

财务主管:张海洋　　复核:李燕　　制单:张萌

第六章
会计账簿实验

设置和登记会计账簿是会计核算中对经济信息进行加工处理的一种专门方法，是连接会计凭证与会计报表的中间环节。通过设置和登记会计账簿，可以对经济业务进行序时、分类的记录和反映，使分散在会计凭证中的核算资料系统化，全面、系统地提供反映企业财务状况和经营成果的总括核算资料和明细核算资料，从而满足经营管理的需要。它还可以为定期编制会计报表提供准确的数据资料，为考核经营成果、分析经济活动提供重要依据。

根据我国《会计法》的规定，各单位必须依法设置会计账簿，并保证其真实、完整。会计账簿包括总账、明细账、日记账和其他辅助性账簿。本章实验内容包括：登记库存现金日记账、银行存款日记账，部分经济业务的明细账，总分类账。

第一节　日记账登记

日记账是按经济业务发生时间的先后顺序逐日逐笔登记的账簿。日记账按其内容不同分为普通日记账和特种日记账，其中特种日记账分为库存现金日记账和银行存款日记账。在我国会计实务中，编制会计分录的工作是通过填制记账凭证完成的，一般不开设普通日记账。所以，在本实验中，只要求掌握库存现金日记账和银行存款日记账的设置和登记方法。

一、实验目的

通过日记账的设置和登记实验，使学生进一步了解日记账的种类、格式和基本内容，熟悉登记依据和登记要求，掌握库存现金日记账和银行存款日记账的登记方法。

二、实验要求

正确设置和登记三栏式库存现金日记账和银行存款日记账。根据审核无误的收、付款凭证及其所附的原始凭证逐日逐笔顺序登记，逐日结出余额，每日库存现金日记账的余额应与库存现金的实有数额核对，如发现账存与实存不符时，应立即查找原因。银行存款日记账应定期与银行送来的对账单进行核对，做到日清月结。

三、实验资料

(1) 会计主体：华飞工厂（增值税一般纳税人，法人代表陈劲松，开户银行：中国工商银行大同街分理处，账号：200066838324，地址：重庆市经开区大同街 10 号，税务登记：500104478423622，电话号码：023-84125103）。华飞工厂 2010 年 1 月 1 日库存现金、银行存款日记账期初余额分别为：5200 元、399700 元。

(2) 参见第五章第二节记账凭证实验资料和实验结果（根据华飞工厂 2010 年 1 月份发生的经济业务所填制的收款凭证、付款凭证、转账凭证）。

四、实验材料

运用第四章期初建账实验中有期初余额的库存现金日记账页和银行存款日记账页各一张。

五、实验步骤

(1) 根据华飞工厂 2010 年 1 月份发生的经济业务所编制的银行收、付款凭证及库存现金收、付款凭证逐日逐笔登记库存现金日记账、银行存款日记账。

具体登记方法如下：

日期：“日期”栏中填入的应为据以登记账簿的会计凭证上的日期。

凭证字号：“凭证字号”栏中应填入据以登记账簿的会计凭证类型及编号。

摘要：“摘要”栏简要说明入账的经济业务的内容，力求简明扼要。

对应科目：第一，对应科目只填总账科目，不需填明细科目；第二，当对应科目有多个时，应填入主要对应科目；第三，当对应科目有多个且不能从科目上划分出主次时，可在对应科目栏中填入其中金额较大的科目，并在其后加上“等”字。

借方、贷方：“借方金额”栏、“贷方金额”栏应根据相关凭证中记录的“库存现金”科目的借贷方向及金额记入。

余额：“余额”栏应根据“本行余额＝上行余额＋本行借方－本行贷方”公式计算填入。

现金日记账余额栏前未印有借贷方向，其余额方向默认为借方，余额栏用红字登记，表示贷方余额。

(2) 逐日结余额，库存现金日记账与库存现金实有数额进行核对，银行存款日记账定期与银行对账单进行核对。

(3) 月末结出库存现金日记账和银行存款日记账的本期发生额及期末余额。具体方法为：在本月最后一笔经济业务记录下面的一行摘要栏内注明“本月发生额及余额”，在同一行内的借方、贷方两栏内分别填列本月借方发生额合计数和本月贷方发生额合计数，余额栏内填列月末余额，同时在“本月发生额及余额”行的上、下端各划一条通栏单红线，以表示本月账簿记录的结束。

六、实验总结

完成实验思考题：

(1) 为什么每日终了库存现金日记账余额要与库存现金核对？

(2) 为什么银行存款日记账要与银行对账单进行核对？

(3) 根据我国会计规范的规定，出纳人员的职责是什么？

第二节　明细账登记

明细分类账是根据明细分类科目设置的账簿，它提供详细、具体的会计核算资料，对总账起着补充说明的作用。明细账的格式根据各单位经济业务的特点及管理制度的要求进行设置，其账页格式有“三栏式”、“多栏式”、“数量金额式”等。

一、实验目的

通过明细账的设置和登记，使学生了解明细账的作用和设置方法，理解总账与明细账之间的关系和平行登记原理，熟悉不同明细账的账页格式，掌握“三栏式”、“多栏式”、“数量金额式”明细账的登记方法。

二、实验要求

根据第五章第二节记账凭证实验资料和实验结果逐笔登记原材料明细账、生产成本明细账、库存商品明细账、应收账款明细账、应付账款明细账、制造费用明细账、管理费用明细账，月末按照规定要求结出各明细账户余额。

三、实验资料

(1) 参见第四章期初建账实验中的期初余额资料。

(2) 参见第五章第二节记账凭证实验资料和实验结果（根据华飞工厂 2010 年 1 月份发生的经济业务所填制的收款凭证、付款凭证、转账凭证）。

四、实验材料

运用第四章期初建账实验中有期初余额的各种明细账页，每个明细账户预留一页账页。

五、实验步骤

(1) 正确登记各种明细账。

根据有关应收、应付款的记账凭证及所附的原始凭证逐日逐笔登记应收账款、应付账款明细账，并逐笔结出余额。

根据原材料收入、发出的原始凭证登记原材料明细账，在各栏同时登记数量、单价、金额；根据库存商品收入、发出的原始凭证登记库存商品明细账，在各栏同时登记数量、单价、金额。

生产成本明细分类账一般应根据记账凭证登记。月末，计算并结转完工产品成本，登记时用红字在各成本构成项目栏中登记应结转出的金额。

普通多栏式账页一般应根据记账凭证登记，在未设置借方或贷方专栏，登记方向与栏目设置方向相反时，用红字记入；起始栏应设为“合计”栏，用以登记本行各栏合计数。登记时一方面要记入具体的项目专栏，另一方面计算本行记入各专栏的金额合计数，记入“合计栏”。

在设置借方、贷方、余额栏的基础上，再设专栏对当前余额构成项目进行分析。

登记时先按三栏式账簿的登记方法登记账页中借、贷、余栏目，再在相应专栏中反映当前余额的构成情况。

(2) 月末结出各明细账的本月发生额及月末余额。

对于不同性质的明细账户，结账的方法不同。对于各项财产物资明细账、债权债务明细账，每次记账后，都要随时结出余额，每月最后一笔余额即为月末余额。月末结账时，只需在最后一笔经济业务记录之下划一条通栏单红线，不需要再结计一次余额。

其余明细账户月末结账方法为：在本月最后一笔经济业务记录下面的一行摘要栏内注明“本月发生额及余额”，在同一行内的借方、贷方两栏内分别填列本月借方发生额合计数和本月贷方发生额合计数，余额栏内填列月末余额，同时在“本月发生额及余额”行的上、下端各划一条通栏单红线，以表示本月账簿记录的结束。

需要结计本月发生额的某些账户，如果本月只发生一笔经济业务，由于这笔记录的金额就是本月发生额，结账时只要在此行记录下划一条通栏单红线，表示与下月的发生额分开就可以了，不需另外结出“本月合计数”。

六、实验总结

完成实验思考题：

(1) 如何选择明细账户的账页格式？

(2) 在明细账的登记中应该注意哪些问题？

第三节　总分类账登记

总分类账是总括反映和记录经济业务的账簿，一般采用订本式账簿，按照一级会计科目(总分类账户)进行分类登记。每一个总分类科目设立一个总账账户，其账页格式有“三栏式”和“多栏式”，企业一般采用“三栏式”。登记方式有逐笔登记和汇总登记。

一、实验目的

熟悉总分类账的外表形式及账页格式，了解总账的登记依据和登记方式，掌握各类(资产类、负债类、所有者权益类、成本类、损益类)总分类账(三栏式)的登记方法。

二、实验要求

采用记账凭证账务处理程序，根据审核无误的收款凭证、付款凭证、转账凭证登记各种总分类账并进行月末结账。

三、实验资料

(1) 参见第四章初始建账实验中的期初余额资料。

(2) 参见第五章第二节记账凭证实验资料和实验结果(根据华飞工厂 2010 年 1 月份发生的经济业务所填制的收款凭证、付款凭证和转账凭证)。

四、实验材料

(1) 运用第四章期初建账实验中有期初余额的总账账页，每个总账账户预留一页账页。

(2) 三栏式总账空白账页10张。

五、实验步骤

(1) 开设无期初余额的总分类账户，包括：在途物资、制造费用、主营业务收入、主营业务成本、管理费用、销售费用、财务费用、营业税金及附加、营业外支出、待处理财产损溢、所得税费用等。

(2) 根据第五章会计凭证实验中所填制的收款凭证、付款凭证、转账凭证登记各种总分类账。

(3) 月末对所有总分类账进行结账并与所属有关明细账(参见本章第二节中的实验结果)进行核对。

六、实验总结

完成实验思考题：

(1) 如何设置和登记总分类账？

(2) 总分类账与明细分类账之间的关系如何？登记总分类账与明细分类账时应遵循什么规则？

(3) 简述总分类账与明细分类账之间的试算平衡原理。

第四节　对账和结账

为了总结企业某一会计期间的经济活动情况，考核经营成果，必须使各种会计账簿的记录保持完整和正确，以便据以编制会计报表。为此，必须定期进行对账和结账。

一、实验目的

(1) 通过本实验，理解对账的重要性，熟悉对账的程序，掌握对账的方法。

(2) 掌握月末结账的方法。

二、实验要求

(1) 根据会计凭证实验和日记账登记等实验、明细分类账登记等实验、总分类账登记等实验所得到的实验结果，核对记账凭证与所附原始凭证、各种账簿与会计凭证、总分类账与所属明细账、日记账之间是否相符。

(2) 在进行上述核对后，在账证、账账相符的基础上对各类账簿进行结账。

三、实验资料

(1) 参见第五章会计凭证实验资料及实验结果。

(2) 参见第六章第1～第3节实验资料及实验结果。

四、实验步骤

1. 对账步骤

(1) 账证核对。将会计账簿记录与会计凭证进行核对，包括核对时间、凭证字号、内容摘要、金额是否一致，记账方向是否相同，以保证过账的准确性。这种核对在日常编制凭证和记账过程中进行。每月终了，如果发现账账不付，应追本溯源，进行会计账簿与会计凭证的检查核对，以确保账证相符。

(2) 账账核对。将不同会计账簿之间的有关记录进行核对，主要包括：总分类账各账户余额与其所属明细账户各账户余额合计数是否相等；库存现金日记账和银行存款日记账余额与库存现金总分类账和银行存款总分类账余额是否相符。

(3) 结合财产清查进行账实核对。

2. 结账的步骤

结账是指在会计期末计算并结出各账户的本期发生额和期末余额。各会计期间内所发生的经济业务，在会计期间内全部登记入账并对账后，通过结账的方式，将各种会计账簿记录结计清楚，以便据此编制会计报表。结账步骤主要包括：

(1) 将本期经济业务全部登记入账。

(2) 按照权责发生制要求进行账项调整。

(3) 结转损益类账户。

(4) 结算出各账户本期发生额和余额，并结转下期。

(5) 结账方法。结账工作应于各个会计期末进行。需要结出当月发生额的，应当在摘要栏内注明“本月合计”字样，并在下面通栏划单红线。需要结出本年累计发生额的，应当在摘要栏内注明“本年累计”字样，并在下面通栏划单红线；12月末的“本年累计”就是全年累计发生额,全年累计发生额下应当通栏划双红线,年度终了结账时,所有总账账户都应当结出全年发生额和年末余额,还要把各账户的余额结转到下一会计年度,并在摘要栏注明“结转下年”字样,在“结转下年”字样下空格处,从右上角至左下角划一条斜线注销。在下一会计年度新建有关会计账簿的第一余额栏内填写上年结转的余额,并在摘要栏注明“上年结转”字样。

五、实验总结

完成实验思考题:

(1)对账的内容包括哪些?

(2)简述结账的步骤和方法。

第五节　错 账 更 正

账簿记录应力求正确、清晰,如果记账发生错误应按规定的方法进行更正,切忌刮擦挖补或用褪色药水涂改。错账更正方法包括三种:划线更正法、红字更正法和补充登记法。

一、实验目的

通过本环节实验使学生进一步熟悉错账的种类及其更正方法,并达到熟练运用更正错账的各种方法的目的。

二、实验要求

(1)根据所提供的实验资料进行账证核对、账账核对,以找出记账过程中可能存在的错误。

(2)分析所发现的记账错误的性质,说明应采用的错账更正方法。

(3)运用恰当的错账更正方法更正所存在的各种记账错误,以保证账簿记录的完整性与准确性。

三、实验资料

红星机械厂 2009 年 9 月份有关账簿登记工作已经全部完成。红星机械厂 2009 年 9

月份填制的部分记账凭证和账簿记录情况如下(其他业务经检查无误)。

实验资料1:红星机械厂2009年9月份填制的部分记账凭证(凭证1至凭证21)。

(1) 2日存入现金20000元(凭证1、凭证2)。

提示:本笔业务的记账凭证种类选择错误,应填制付款凭证。

(2) 10日,第二生产车间领用维修设备材料300元(凭证3)。

提示:本笔业务处理正确。

(3) 12日,通过银行汇款支付上月所欠山东振兴工厂购货款36825元(凭证4、凭证5)。

提示:本笔业务记账凭证和账簿中的记账金额发生多计错误,应采用红字更正法进行更正。

(4) 15日,购入车床一台,单价52000元,增值税额8840元,价税款合计60840元,开出转账支票付讫(凭证6至凭证8)。

提示:本笔业务处理正确。

(5) 20日,支付第四季度广告费30000元(凭证9至凭证11)。

提示:本笔业务记账凭证和账簿中的会计科目使用错误,应采用红字更正法进行更正,将"销售费用"科目改为"预付账款"。

(6) 24日,支付贷款利息3285元(已预提3000元)(凭证12、凭证13)。

提示:本笔业务记账凭证和账簿中的会计科目使用错误,应采用红字更正法进行更正,正确的会计分录为,借:应付利息3000元,财务费用285元,贷:银行存款3285元。

(7) 25日,供销科科长钱富贵出差借差旅费1200元,以现金付讫(凭证14、凭证15)。

提示:本笔业务记账凭证和账簿中的会计科目使用错误,应采用红字更正法进行更正,将"管理费用"科目改为"其他应收款"。

(8) 26日,销售A产品2000件,单价(不含税)63元,货款共计126000元,增值税21420元。货款及税金已通过银行收妥入账(凭证16、凭证17)。

提示:本笔业务处理记账凭证正确,在登记"银行存款"总账(见银行存款总账账页)时,记账金额错误,采用划线更正法更正错误。

(9) 27日,向太原新亚电器厂购入甲材料1200公斤,单价15元,货款共计18000元,增值税3060元。货款及税金尚未支付,材料已收到入库(凭证18、凭证19)。

提示:本笔业务记账凭证和账簿中的应交税费、应付账款会计科目记账金额少计,应采用补充更正法进行更正。

(10) 30日分配本月职工工资(凭证20、凭证21)。

提示:本笔业务记账凭证和账簿中的会计科目使用错误,应采用红字更正法进行更正,应将车间管理人员工资计入"制造费用"科目。

实验资料2:红星机械厂2009年9月份根据所填制的记账凭证登记的部分总分类账户资料(表1至表15)。

四、实验材料

(1) 收款凭证 5 张。

(2) 付款凭证 5 张。

(3) 转账凭证 5 张。

(4) 三栏式账页 10 张。

五、实验步骤

1. 划线更正法的使用步骤

在结账之前，如果发现账簿记录有错误，而记账凭证无错误，即纯属登账时文字或数字的错误，应采用划线更正法。具体步骤是：

(1) 在错误的文字或数字上划一条红线，表示注销，但必须使原有字迹仍可辨认。

(2) 用蓝字将正确的文字或数字写在划线上方。

(3) 记账人员在更正处签名或盖章，以明确责任。

例如，某年 12 月 25 日发出的材料，应为 50000 元，记账凭证正确，但在登记账簿时记成 500000 元，应更正(表 16)。

2. 红字更正法的使用步骤

红字更正法一般适用于下列两种情况：

(1) 记账以后，发现记账凭证中应借应贷符号、科目或金额有错误时，可采用红字更正法更正。具体步骤是：

第一步：编制一张与原错误凭证相同的红字金额凭证。日期填写按编制红字凭证的实际日期；编号按当前凭证的顺序编号；摘要注明"冲销×月×日×类×号错误凭证"。

第二步：根据所编制的红字凭证登账。

第三步：编制一张正确的蓝字凭证。日期填写按编制凭证的实际日期；编号按当前凭证的顺序编号；摘要注明"更正×月×日×类×号错误凭证"。

第四步：根据所编制的蓝字凭证登账。

(2) 在记账以后，如发现记账凭证和账簿记录的金额有多记错误，而应借应贷会计科目并无错误，可采用红字更正法更正。更正时用红字填写一份与错误凭证科目、借贷方向相同，以多记金额为记账金额的记账凭证，以冲销原来多记的记录，并登记入账。摘要注明"冲销×月×日×类×号凭证多记金额"。

例如，经检查发现已记入管理费用的折旧费应当是 210500 元，而记账金额为 234000 元，多计 23500 元，更正如下：

第一步：用红字金额编制一张多记 23500 元金额的记账凭证(表 17)。

第二步，根据上述红字金额的记账凭证登记管理费用账簿，包括总账与明细账，下边以管理费用明细账登记为例(表 18)。(累计折旧总账略。)

3. 补充登记法的使用步骤

如果记账后发现记账凭证中科目正确,但所记金额小于应记金额,则可以运用补充登记法进行更正,具体步骤是:

(1) 编制一张与原错误凭证科目相同、金额为少记金额的蓝字凭证。摘要注明“补充×月×日×类×号凭证少记金额”。

(2) 根据上述记账凭证登记入账,用以补充原少记金额。

例如,12 月 31 日经检查发现 12 月 28 日已入账的赊销给南方公司的 B 产品销售收入应为 120000 元,而记账金额为 100000 元,少记 20000 元,增值税应为 20400 元,而记账金额为 17000 元,少记 3400 元,全部未收货款为 140400 元(少记 23400 元),更正如下:

第一步:编制一张少记金额的记账凭证(表 19)。

第二步:补充登记账簿(表 20)。(以应收账款总账为例,主营业务收入、应交税费账簿资料略。)

六、实验总结

完成实验思考题:错账更正方法有哪几种?各自的适用范围是什么?

第六节　银行存款余额调节表的编制

为了加强对银行存款资金的管理,确保银行存款资金的安全完整,企业在每月需要将银行存款日记账与从开户银行取得的对账单进行逐笔核对,查明银行存款的实有数。如果核对双方的账面记录及余额存在不一致,原因有二:一是企业或银行记账有错误;二是存在未达账项。针对未达账项,应编制银行存款余额调节表,对未达账项进行调整,以确定双方记录的正确性和银行存款资金的安全性。在会计实务中,银行存款余额调节表的编制是企业的一项经常性工作。

一、实验目的

通过本实验,使学生掌握银行存款的清查方法和银行存款余额调节表的编制方法,并从中得出企业银行存款日记账余额与银行对账单余额不符的真正原因。

二、实验要求

(1) 在本实验中，要求学生将银行存款日记账的发生额与从开户银行取得的对账单的发生额进行逐笔核对，找出本月未达账项。

(2) 根据双方账面期末余额和未达账项编制银行存款余额调节表。

三、实验资料

实验资料 1：嘉华实业有限公司 2009 年 11 月 30 日编制的银行存款余额调节表(表 21)。

实验资料 2：嘉华实业有限公司 2009 年 12 月发生下列经济业务。

(1) 3 日，银行转来收款通知，宏达建材有限公司转入前欠账款 234000 元收妥入账。

(2) 4 日，以现金 2186 元支付职工生活困难补助。

(3) 4 日，从银行提取现金 5000 元，支票号码 4501。

(4) 5 日，生产车间领用甲材料 400 公斤，乙材料 100 公斤。领料单号码为 200901。

(5) 5 日，向兴盛有限公司购买甲材料 4000 公斤，单价 98 元，价款 392000 元，增值税 66640 元，乙材料 2000 公斤，单价 48 元，价款 96000 元，增值税 16320 元，款项以商业汇票支付。

(6) 6 日，销售 A 产品 300 件给新星实业，货款 120000 元及增值税 20400 元已收妥存入银行，出库单号为 40036。

(7) 6 日，收华新实业借用包装物押金 2000 元，存入银行。

(8) 6 日，以银行存款交纳增值税 18960 元及应交消费税 6000 元。

(9) 8 日，以银行存款归还前欠兴盛有限公司货款 117000 元，支票号码 4502。

(10) 8 日，生产车间领用甲材料 2700 公斤，其中用于 A 产品生产 1200 公斤，B 产品生产 1500 公斤，领料单号为 200902、200903。

(11) 9 日，以现金支付企管部零星办公用品费用 885 元。

(12) 9 日，B 产品 4000 件完工验收入库。入库单号为 30021。

(13) 10 日，向华联商贸有限公司购买甲材料 1000 公斤，单价 100 元，价款 100000 元，增值税 17000 元，款项尚未支付，材料已验收入库，入库单号为 10344。

(14) 12 日，销售 A 产品 1200 件给繁星网络技术股份有限公司，货款 480000 元及增值税 81600 元尚未收到，出库单号为 40037。

(15) 12 日，接受捐赠机器设备一台，价值 200000 元。

(16) 13 日，向兴盛有限公司购买的甲、乙两种材料运至企业验收入库，入库单号为：10345，以银行存款支付运费 12000 元，支票号码 4503。

(17) 14 日，生产车间领用甲材料 1800 公斤，乙材料 1000 公斤，用于生产 A 产品，领料单号为 200304。

(18) 17 日,销售部门领用甲材料 100 公斤,领料单号为 200905。

(19) 18 日,以银行存款发放工资 108000 元,支票号码 4504。

(20) 19 日,销售 B 产品 200 件给三勇建材有限公司,货款 20000 元及增值税 3400 元未收到,出库单号为 40038。

(21) 19 日,以银行存款支付销售 B 产品运费 1200 元,支票号码 4505。

(22) 20 日,接银行付款通知,付电费 18100 元,其中车间应负担 16540 元,行政管理部门应负担 1400 元,销售部门负担 160 元。

(23) 21 日,行政管理人员李方预借差旅费 5000 元,以现金支付。

(24) 21 日,生产车间领用甲材料 500 公斤,乙材料 200 公斤,用于 A 产品生产,领料单号为 200906。行政管理部门领用甲材料 20 公斤,领料单号为 200907。

(25) 22 日,以银行存款支付本月产品广告费用 5000 元,支票号码 4506。

(26) 23 日,销售甲材料 100 公斤,货款 12000 元及增值税 2040 元已收到,存入银行,出库单 40039。

(27) 25 日,以银行存款支付违章罚款 2000 元。

(28) 28 日,以银行存款 9500 元支付租入办公用房屋租金,支票号码 4507。

(29) 29 日,以银行存款支付本年度长期借款利息 60000 元。

(30) 29 日,李方报销差旅费 5500 元,补付现金 500 元。

实验资料 3:2009 年 12 月 31 日,嘉华实业有限公司银行存款日记账(表 22)。

实验资料 4:2009 年 12 月 31 日,嘉华实业有限公司取得银行对账单(表 23)。

四、实验材料

银行存款余额调节表 1 张(表 24)。

五、实验步骤

(1) 根据 2009 年 11 月份银行存款余额调节表,了解上月未达账项本月到账情况。(上月未达账项本月到达情况:银行存款日记账中,3 日银行转来收款通知,宏达建材有限公司转入前欠账款 234000 元收妥入账;银行对账单中,12 月 1 日收取货款 46800 元,12 月 2 日支付房租 10000 元。上述账项在本月到达后就不构成本月未达账项,不在本月银行存款余额调节表中反映。)

(2) 核对本月账目时,应先找出本月到账的上月未达账项并在其后用铅笔打钩,表示这些未达账项已经到账。如果还有未到账的款项,应及时与银行沟通,以便查明原因。

(3) 核对银行存款日记账与银行对账单的过程中,可用铅笔在双方已经核对上的金额后轻轻打钩,对未打钩的金额进行复核后确定未达账项。

(4) 根据本月的未达账项编制 2009 年 12 月 31 日的银行存款余额调节表。(提示:银行存款余额调节表调节后的余额为 228240 元。)

六、实验总结

完成实验思考题:

(1) 造成银行存款日记账和银行对账单余额不符的原因有哪些?

(2) 简述未达账项的内容。

第七节　试算平衡表的编制

为了保证一定时期内发生的经济业务在账户中登记的正确性,需要在一定时期终了时,根据借贷记账法的记账规则,对账户记录进行试算平衡。试算平衡工作一般是在月末结出各个账户的本月发生额和月末余额后,通过编制试算平衡表来进行。

一、实验目的

通过该实验,使学生能够了解试算平衡的作用,理解试算平衡的计算公式,掌握试算平衡表的编制方法和检查方法。

二、实验要求

根据所给实验资料和实验结果编制华飞工厂 2010 年 1 月 31 日试算平衡表(包括期初余额、本月发生额和期末余额)(表 25)。

三、实验资料

参见本章第三节总分类账登记实验资料及实验结果。

四、实验材料

总分类账户试算平衡表 1 张。

五、实验步骤

（1）认真收集、整理和审核本章第三节总分类账登记实验资料和实验结果。

（2）按规定方法和要求编制试算平衡表。

（3）检查所编制的试算平衡表是否符合试算平衡公式的相关要求。若不相符，请查找可能存在的错误并及时纠正，直到相符为止。试算平衡公式如下：

发生额试算平衡公式：

全部账户本期借方发生额合计数＝全部账户本期贷方发生额合计数

余额试算平衡公式：

全部账户期初借方余额合计数＝全部账户期初贷方余额合计数

全部账户期末借方余额合计数＝全部账户期末贷方余额合计数

六、实验总结

完成实验思考题：

（1）试算平衡公式有哪些？其理论依据是什么？

（2）全部账户借贷方发生额合计和余额合计平衡，是否就说明记账没有错误？为什么？

（3）通过编制试算平衡表，能够找出账户记录中的哪些错误？

附录:本章实验凭证

凭证 1

收款凭证

借方科目:银行存款　　2009 年 9 月 2 日　　银收字 1 号

摘要	贷方科目		✓	金额								
	总账科目	二级或明细科目		百	十	万	千	百	十	元	角	分
存入现金	库存现金					2	0	0	0	0	0	0
合计					¥	2	0	0	0	0	0	0

附件 1 张

会计主管:　　记账:　　复核:　　制单:张燕

凭证 2

中国工商银行现金缴款单(回单)1

2009 年 9 月 2 日　　No:00454

缴款单位				
全称	红星机械厂	款项来源	零星销售收入
账号	3100004874521	交款部门	客户

人民币(大写)	千	百	十	万	千	百	十	元	角	分
贰万元整			¥	2	0	0	0	0	0	0

券别	张数	百	十	万	千	百	十	元	券别	张数	万	千	百	十	元	
一百元	200			2	0	0	0	0	一元							上列款项已如数收妥入账
五十元									五角							
二十元									二角							
十元									一角							(收款银行盖章)
五元									分币							经手人:李阳
二元																

凭证 3

转账凭证

2009 年 9 月 10 日　　　　转字 3 号

摘　要	总账科目	明细科目	✓	借方金额									贷方金额								
				百	十	万	千	百	十	元	角	分	百	十	万	千	百	十	元	角	分
车间维修设备领料	管理费用	修理费						3	0	0	0	0									
	原材料	修理用备件															3	0	0	0	0
合　计							¥	3	0	0	0	0				¥	3	0	0	0	0

附件　张

会计主管：　　　　记账：　　　　复核：　　　　制单：张燕

凭证 4

付款凭证

贷方科目：银行存款　　　　2009 年 9 月 12 日　　　　银付字 2 号

摘　要	贷 方 科 目		✓	金　额								
	总账科目	二级或明细科目		百	十	万	千	百	十	元	角	分
偿还上月购料款	应付账款	山东振兴工厂				3	8	6	2	5	0	0
合　计					¥	3	8	6	2	5	0	0

附件 1 张

会计主管：　　　　记账：　　　　复核：　　　　制单：张燕

凭证 5

中国工商银行电汇凭证(回单)1

□普通□加急　　　　委托日期 2009 年 9 月 12 日　　　　No. 00124578

汇款人	全　称	红星机械厂	收款人	全　称	山东振兴工厂
	账　号	30001478421412		账　号	12000001475412574
	汇出地点	省重庆市/县		汇入地点	山东省威海市/县
汇出行名称		工行渝北区两路分理处	汇入行名称		中国工商银行威海市城南支行

金额	亿	千	百	十	万	千	百	十	元	角	分
人民币三万陆仟捌佰贰拾五元整(大写)				¥	3	6	8	2	5	0	0

汇出行签章	支付密码　1745752143655214
	附加信息及用途:货款 复核:张力　记账:陈化

此联汇出行给汇款人的回单

凭证 6

付款凭证

贷方科目:银行存款　　　　2009 年 9 月 15 日　　　　银付字 3 号

摘　要	贷方科目		√	金　额								
	总账科目	二级或明细科目		百	十	万	千	百	十	元	角	分
购车床	固定资产	车床				5	2	0	0	0	0	0
	应交税费	应交增值税(进项税额)					8	8	4	0	0	0
合　计					¥	6	0	8	4	0	0	0

附件2张

会计主管:　　　　记账:　　　　复核:　　　　制单:张燕

凭证 7

中国工商银行
转账支票存根

BB
00541247
02

附加信息

____

____

____

____

出票日期 2009 年 9 月 15 日

收款人:北海机械厂
金额:¥60840.00
用途:购车床款

单位主管:朱红兵　会计:张燕

凭证 8

广西增值税专用发票

No:01247863

3000014124　　发票联　　开票日期:2009 年 9 月 15 日

<table>
<tr><td>购货单位</td><td colspan="6">名　　称:红星机械厂
纳税人识别号:500108201428116
地 址、电 话:重庆市渝北区两路　67514789
开户银行及账号:工行渝北区两路分理处　30001478421412</td><td>密码区</td><td colspan="3">略</td></tr>
<tr><td colspan="2">商品或劳务名称</td><td>规格型号</td><td>单位</td><td>数量</td><td>单价</td><td colspan="2">金额</td><td>税率</td><td>税额</td></tr>
<tr><td colspan="2">车床</td><td></td><td>台</td><td>1</td><td>52000</td><td colspan="2">52000.00</td><td>17%</td><td>8840.00</td></tr>
<tr><td colspan="2">合计</td><td></td><td></td><td></td><td></td><td colspan="2">¥52000.00</td><td></td><td>¥8840.00</td></tr>
<tr><td colspan="2">价税合计(大写)</td><td colspan="8">人民币陆万零捌佰肆拾元整　　(小写)¥60840.00</td></tr>
<tr><td>销货单位</td><td colspan="6">名　　称:北海机械厂
纳税人识别号:120097481245713
地 址、电 话:广西北海市人民路 56 号　65481247
开户银行及账号:工行北海市人民路分理处　310000478412453</td><td>备注</td><td colspan="3"></td></tr>
</table>

第二联:发票联　购货方记账凭证

收款人:李红芬　复核:陈嘉　开票人:王甫中　销货单位(章):

凭证 9

付款凭证

贷方科目:银行存款　　　　2009 年 9 月 20 日　　　　银付字 5 号

摘要	贷方科目		✓	金额									
	总账科目	二级或明细科目		百	十	万	千	百	十	元	角	分	
支付第四季度广告费	销售费用	广告费				3	0	0	0	0	0	0	附件2张
合计					¥	3	0	0	0	0	0	0	

会计主管:　　　　记账:　　　　复核:　　　　制单:张燕

凭证 10

重庆市广告专用发票

No:00045621

客户名称:红星机械厂

项目	单位	数量	单价	金额										
				千	百	十	万	千	百	十	元	角	分	
广告费	月	3	10000				3	0	0	0	0	0	0	第二联:报销凭证
合计金额(大写):人民币叁万元整						¥	3	0	0	0	0	0	0	

单位盖章:　　　　收款人:江妮妮　　　　开票人:杨槐秀

凭证 11

中国工商银行
转账支票存根

BB/02 **00541255**

附加信息

____

____

____

____

出票日期 2009 年 9 月 20 日

收款人:南方广告公司
金额:¥30000.00
用途:支付广告费

单位主管:朱红兵　会计:张燕

凭证 12

付款凭证

贷方科目:银行存款　　2009 年 9 月 24 日　　银付字 6 号

摘要	贷方科目		✓	金额								
	总账科目	二级或明细科目		百	十	万	千	百	十	元	角	分
支付第三季度贷款利息	财务费用	利息支出					3	2	8	5	0	0
合　计						¥	3	2	8	5	0	0

附件 1 张

会计主管:　　记账:　　复核:　　制单:张燕

凭证 13

中国工商银行贷款利息通知单(代支款通知)

No:00871

第三联

贷款账户户名:红星机械厂		账号:12000078451
利息计算日期 2009621 起 2009920 止		左列贷款利息已从你单位 账户 12000078451 付出
计息基数共计:200000.00　利率:5.475‰		
利息金额(大写):人民币叁仟贰佰捌拾元整		开户银行盖章
附记:	¥:3285.00	
会计:李晖　事后监督:苏茜　复核:时咏　制单:唯一		2009 年 9 月 24 日

凭证 14

付款凭证

贷方科目:库存现金　　2009 年 9 月 25 日　　现付字 2 号

摘　要	贷方科目		✓	金　额								
	总账科目	二级或明细科目		百	十	万	千	百	十	元	角	分
预支差旅费	管理费用	差旅费					1	2	0	0	0	0
合　计						¥	1	2	0	0	0	0

附件 1 张

会计主管:　　记账:　　复核:　　制单:张燕

凭证 15

借款单

2009 年 9 月 25 日　　第 2009078 号

借款单位	供销科	金　额							
人民币(大写)壹仟贰佰元整		十	万	千	百	十	元	角	分
			¥	1	2	0	0	0	0
借款事由:采购材料									
领导批示	财务负责人	借款单位负责人				借款人			
李星晖	朱红兵	钱富贵				钱富贵			

凭证 16

收款凭证

借方科目:银行存款　　　　2009 年 9 月 26 日　　　　银收字 3 号

摘要	贷方科目		✓	金额								
	总账科目	二级或明细科目		百	十	万	千	百	十	元	角	分
销售 A 产品	主营业务收入	A 产品			1	2	6	0	0	0	0	0
	应交税费	应交增值税(销)				2	1	4	2	0	0	0
合　计				¥	1	4	7	4	2	0	0	0

附件 1 张

会计主管:　　　　记账:　　　　复核:　　　　制单:张燕

凭证 17

重庆增值税专用发票

No:00157842

5000045712　　　　此联不作报销、扣税凭证使用　　　　开票日期:2009 年 9 月 26 日

购货单位	名称:沈阳钢铁厂 纳税人识别号:400014522154213 地址、电话:沈阳市城北区国铁路 74 号 47514789 开户银行及账号:工行城北区分理处 1200004714523				密码区	略	
商品或劳务名称	规格型号	单位	数量	单价	金额	税率	税额
A 产品		件	2000	63	126000.00	17%	21420.00
合计					¥126000.00		¥21420.00
价税合计(大写)	人民币壹拾肆万柒仟肆佰贰拾元整					(小写)¥147420.00	
销货单位	名称:红星机械厂 纳税人识别号:500108201428116 地址、电话:重庆市渝北区两路　67514789 开户银行及账号:工行渝北区两路分理处　30001478421412				备注		

第四联:销货方记账凭证

收款人:王朝　　　　复核:李远行　　　　开票人:张燕　　　　销货单位(章):

凭证 18

转账凭证

2009 年 9 月 27 日　　　　转字 15 号

摘　　要	总账科目	明细科目	✓	借方金额									贷方金额								
				百	十	万	千	百	十	元	角	分	百	十	万	千	百	十	元	角	分
购材料	原材料	甲材料				1	8	0	0	0	0	0									
	应交税费	进项税					3	0	0	6	0	0									
	应付账款	新亚电器厂													2	1	0	0	6	0	0
合　　计					¥	2	1	0	0	6	0	0		¥	2	1	0	0	6	0	0

附件 2 张

会计主管：　　　　记账：　　　　复核：　　　　制单：张燕

凭证 19

太原增值税专用发票

No：00741587

2000047812　　　　发票联　　　　开票日期：2009 年 9 月 27 日

购货单位	名　　　称：红星机械厂 纳税人识别号：500108201428116 地　址、电　话：重庆市渝北区两路　67514789 开户银行及账号：工行渝北区两路分理处　30001478421412	密码区	略

商品或劳务名称	规格型号	单位	数量	单价	金额	税率	税额
甲材料		公斤	1200	15	18000.00	17%	3060.00
合计					¥18000.00		¥3060.00
价税合计（大写）	人民币贰万壹仟零佰陆拾元整						（小写）¥21060.00

销货单位	名　　　称：太原新亚电器厂 纳税人识别号：200941886322145 地　址、电　话：太原市解放路 128 号　47004570 开户银行及账号：工行太原市解放路分理处　1200000457841235	备注	

第二联：发票联　购货方记账凭证

收款人：　　　　复核：胡江　　　　开票人：李云开　　　　销货单位（章）：

凭证 20

转账凭证

2009 年 9 月 30 日　　　　转字 16 号

摘　　要	总账科目	明细科目	✓	借方金额									贷方金额								
				百	十	万	千	百	十	元	角	分	百	十	万	千	百	十	元	角	分
计提福利费	生产成本	一车间				1	2	4	6	0	0	0									
	生产成本	二车间					6	3	0	0	0	0									
	管理费用	车间管理					2	6	6	0	0	0									
	管理费用	厂部管理					1	6	8	0	0	0									
	应付职工薪酬	工资												¥	2	3	1	0	0	0	0
合　　计					¥	2	3	1	0	0	0	0		¥	2	3	1	0	0	0	0

附件1张

会计主管：　　　　记账：　　　　复核：　　　　制单：张燕

凭证 21

本月职工工资费用分配表

2009 年 9 月 30 日

部　　门	职工工资
生产工人(一车间)	12460.00
生产工人(二车间)	6300.00
车间管理人员	2660.00
厂部管理人员	1680.00
合　　计	¥23100.00

表 1

总账

会计科目:库存现金

07年		凭证		摘要	借方								贷方								借或贷	余额							
月	日	字	号		十	万	千	百	十	元	角	分	十	万	千	百	十	元	角	分		十	万	千	百	十	元	角	分
9	1			月初余额																	借		3	0	4	7	1	0	0
9	2	银收	1	现金存入										2	0	0	0	0	0	0									
9	15	现付	1	付电话费												1	0	2	0	0									
9	25	现付	2	付差旅费											1	2	0	0	0	0									

表 2

总账

会计科目:银行存款

09年		凭证		摘要	借方								贷方								借或贷	余额							
月	日	字	号		十	万	千	百	十	元	角	分	十	万	千	百	十	元	角	分		十	万	千	百	十	元	角	分
9	1			月初余额																	借	6	1	4	2	3	4	5	0
9	2	银收	1	现金存入		2	0	0	0	0	0	0																	
9	4	银收	2	收回欠款		8	0	0	0	0	0	0																	
9	8	银付	1	交纳税金											1	2	4	5	7	5									
9	12	银付	2	偿还货款										3	8	6	2	5	0	0									
9	15	银付	3	购车床										6	0	8	4	0	0	0									
9	16	银付	4	付工资									1	6	5	0	0	0	0	0									
9	20	银付	5	付广告费										3	0	0	0	0	0	0									
9	24	银付	6	付利息											3	2	8	5	0	0									
9	26	银收	3	销售	1	2	6	0	0	0	0	0																	

表 3

总账

会计科目:管理费用

09年		凭证		摘要	借方								贷方								借或贷	余额							
月	日	字	号		十	万	千	百	十	元	角	分	十	万	千	百	十	元	角	分		十	万	千	百	十	元	角	分
9	10	转	3	设备修理费				3	0	0	0	0																	
9	15	现付	1	付电话费				1	0	2	0	0																	
9	25	现付	2	预借差旅费			1	2	0	0	0	0																	
9	30	转	16	福利费			4	3	4	0	0	0																	

表 4

总账

会计科目:制造费用

09年		凭证		摘要	借方								贷方								借或贷	余额							
月	日	字	号		十	万	千	百	十	元	角	分	十	万	千	百	十	元	角	分		十	万	千	百	十	元	角	分

表 5

总账

会计科目:原材料

09年		凭证		摘要	借方								贷方								借或贷	余额							
月	日	字	号		十	万	千	百	十	元	角	分	十	万	千	百	十	元	角	分		十	万	千	百	十	元	角	分
9	1			月初余额																	借	2	8	4	5	2	0	0	0
9	10	转	3	设备修理费												3	0	0	0	0									
9	27	转	15	购材料		1	8	0	0	0	0	0																	

表 6

总账

会计科目:应付账款

09年		凭证		摘　要	借　方								贷　方								借或贷	余　额							
月	日	字	号		十	万	千	百	十	元	角	分	十	万	千	百	十	元	角	分		十	万	千	百	十	元	角	分
9	1			月初余额																	贷		8	4	7	1	4	4	0
9	12	银付	2	偿还货款		3	8	6	2	5	0	0																	
9	27	转	15	购材料										2	1	0	0	6	0	0									

表 7

总账

会计科目:固定资产

09年		凭证		摘　要	借　方								贷　方								借或贷	余　额							
月	日	字	号		十	万	千	百	十	元	角	分	十	万	千	百	十	元	角	分		十	万	千	百	十	元	角	分
9	1			月初余额																	借	8	7	7	4	9	4	0	0
9	15	银付	3	购车床		6	0	8	4	0	0	0																	

表 8

总账

会计科目:应交税费

09年		凭证		摘要	借方								贷方								借或贷	余额							
月	日	字	号		十	万	千	百	十	元	角	分	十	万	千	百	十	元	角	分		十	万	千	百	十	元	角	分
9	1			月初余额																	贷		5	4	2	1	1	0	7
9	8	银付	1	交纳税金			1	2	4	5	7	5																	
9	15	银付	3	进项税			8	8	4	0	0	0																	
9	26	银收	3	销项税										2	1	4	2	0	0	0									
9	27	转	15	进项税			3	0	0	6	0	0																	

表 9

总账

会计科目:销售费用

09年		凭证		摘要	借方								贷方								借或贷	余额							
月	日	字	号		十	万	千	百	十	元	角	分	十	万	千	百	十	元	角	分		十	万	千	百	十	元	角	分
9	20	银付	5	付第四季度广告费		3	0	0	0	0	0	0																	

表 10

总账

会计科目:预付账款

09年		凭证		摘 要	借 方								贷 方								借或贷	余 额							
月	日	字	号		十	万	千	百	十	元	角	分	十	万	千	百	十	元	角	分		十	万	千	百	十	元	角	分
9	1			月初余额																	借			5	2	0	0	0	0

表 11

总账

会计科目:财务费用

09年		凭证		摘要	借方								贷方								借或贷	余额							
月	日	字	号		十	万	千	百	十	元	角	分	十	万	千	百	十	元	角	分		十	万	千	百	十	元	角	分
9	24	银付	5	付利息			3	2	8	5	0	0																	

表 12

总账

会计科目:应付利息

09年		凭证		摘要	借方								贷方								借或贷	余额							
月	日	字	号		十	万	千	百	十	元	角	分	十	万	千	百	十	元	角	分		十	万	千	百	十	元	角	分
9	1			月初余额																	贷			6	4	0	0	0	0

表 13

总账

会计科目:主营业务收入

09年		凭证		摘要	借方								贷方								借或贷	余额							
月	日	字	号		十	万	千	百	十	元	角	分	十	万	千	百	十	元	角	分		十	万	千	百	十	元	角	分
9	26	银收	3	销售									1	2	6	0	0	0	0	0									

表 14

总账

会计科目:生产成本

09年		凭证		摘要	借方								贷方								借或贷	余额							
月	日	字	号		十	万	千	百	十	元	角	分	十	万	千	百	十	元	角	分		十	万	千	百	十	元	角	分
9	1	1		月初余额																	借		4	7	1	2	2	0	0
9	30	转	16	福利费		1	8	7	6	0	0	0																	

表 15

总账

会计科目:应付职工薪酬

09年		凭证		摘要	借方								贷方								借或贷	余额							
月	日	字	号		十	万	千	百	十	元	角	分	十	万	千	百	十	元	角	分		十	万	千	百	十	元	角	分
9	1			月初余额																	贷	1	6	5	0	0	0	0	0
9	16	银付	4	支付工资	1	6	5	0	0	0	0	0																	
9	30	转	16	计提福利费										2	3	1	0	0	0	0									

表 16

总账

会计科目:原材料

××年		凭证		摘 要	借 方								贷 方								借或贷	余 额							
月	日	字	号		十	万	千	百	十	元	角	分	十	万	千	百	十	元	角	分		十	万	千	百	十	元	角	分
12	20			承上页	2	0	8	9	6	7	0	0	2	1	6	7	8	0	0	0	借	6	7	6	7	5	0	0	0
12	21	转	13	结转 A 材料采购成本		8	6	5	0	0	0	0									借	7	6	3	2	5	0	0	0
12	25	转	20	生产产品领用A材料									 5	5 0	0 0	0 0	0 0	0 0	0 0	0 0	借	7 2	1 6	3 3	2 2	5 5	0 0	0 0	0 0

表 17

记账凭证

××年 12 月 31 日　　　　记字 82 号

摘要	总账科目	明细科目	✓	借方金额									贷方金额								
				百	十	万	千	百	十	元	角	分	百	十	万	千	百	十	元	角	分
冲销 12 月 31 日 75 号凭证多记金额	管理费用	折旧费				2	3	5	0	0	0	0									
	累计折旧														2	3	5	0	0	0	0
合计					¥	2	3	5	0	0	0	0		¥	2	3	5	0	0	0	0

附件 1 张

会计主管：　　记账：　　复核：　　制单：张燕

表 18

管理费用明细账

××年		凭证号数	摘要	合计	费用项目		
月	日				工资及福利费	折旧费	办公费
			承上页	38400	0	0	38400
12	24	记 5	企管部购办公用品	220			220
12	31	记 75	厂部固定资产折旧费	234000		234000	
12	31	记 78	分配工资费用	167000	167000		
12	31	记 79	分配福利费	23380	23380		
12	31	记 82	冲销 12 月 31 日 75 号凭证多记金额	23500		23500	

表 19

记账凭证

××年 12 月 31 日　　　　　　　　记字 101 号

摘　要	总账科目	明细科目	✓	借方金额									贷方金额								
				百	十	万	千	百	十	元	角	分	百	十	万	千	百	十	元	角	分
补充 12 月 28 日 86 号凭证少记金额	应收账款	南方公司				2	3	4	0	0	0	0									
	主营业务收入														2	0	0	0	0	0	0
	应交税费	应交增值税														3	4	0	0	0	0
合　计					¥	2	3	4	0	0	0	0		¥	2	3	4	0	0	0	0

附件 1 张

会计主管：　　　　记账：　　　　复核：　　　　制单：张燕

表 20

总分类账

会计科目：应收账款

××年 月	日	凭证号数	摘　要	借　方	贷　方	借或贷	余　额
12	1		期初余额			借	20000
12	23	记 50	赊销产品给东风厂	585000		借	605000
12	25	记 62	收到青州厂还款		20000	借	585000
12	28	记 86	赊销产品给南方公司	117000		借	702000
12	29	记 89	收到东风厂偿还货款		500000	借	202000
12	31	记 101	补充 12 月 28 日 86 号凭证少记金额	23400		借	225400

表 21

银行存款余额调节表

编制单位:嘉华实业有限公司　　　　2009 年 11 月 30 日

项　　目	金　额	项　　目	金　额
银行存款日记账余额	201200	银行对账单余额	398400
加:银行已收,企业未收 减:银行已付,企业未付	234000	加:企业已收,银行未收 减:企业已付,银行未付	46800 10000
调节后余额	¥435200		¥435200

表 22

银行存款日记账

开户银行:

账号:3100026301247741210

年		凭证		银行凭证	摘　要	对应科目	借　方	贷　方	借或贷	余　额
月	日	字	号							
12	1				期初余额					201200
	3	收	1		收宏达建材账款	应收账款	234000		借	435200
	4	付	1	支 4501	提现	库存现金		5000	借	430200
	6	收	2		现销产品	主营业务收入	140400		借	570600
	6	收	3		收包装物押金	其他应付款	2000		借	572600
	6	付	2	委收	缴纳增值税等	应交税费		24960	借	547640
	8	付	3	支 4502	支付前欠账款	应付账款		117000	借	430640
	13	付	4	支 4503	付采购运费	材料采购		12000	借	418640
	18	付	5	支 4504	发放工资	应付职工薪酬		108000	借	310640
	19	付	6	支 4505	付销售运费	销售费用		1200	借	309440
	20	付	7	委收	付电费	制造费用等		18100	借	291340
	22	付	8	支 4506	付广告费	销售费用		5000	借	286340
	23	收	4		现销材料	其他业务收入	14040		借	300380
	25	付	9	委收	付违章罚款	营业外支出		2000	借	298380
	28	付	10	支 4507	付房租	管理费用		9500	借	288880
	29	付	11		付长期借款利息	应付利息		60000	借	228880

表 23

中国工商客户存款对账单

第 1 页

网点号 0263　　2009 年 12 月 31 日　币种:人民币　　单位:元

账号 3100026301247741210				户名:嘉华实业有限公司			期初余额 398400.00	
日期	交易代码	凭证种类	凭证号	摘要	借方发生额	贷方发生额	余额	网点号
12-1	05	支	7542	货款		46800.00	445200.00	0263
12-2	14	支	3200	房租	10000.00		435200.00	0263
12-4	14	支	4501	备用金	5000.00		430200.00	0263
12-5	09	委收	0121	税款	24960.00		405240.00	0400
12-6	05	支	2581	其他贷方		2000.00	407240.00	
12-6	05	支	2561	货款		140400.00	547640.00	0263
12-13	14	支	4503	运费	12000.00		535640.00	0263
12-14	14	支	4504	工资	108000.00		427640.00	
12-14	14	支	4502	货款	117000.00		310640.00	0400
12-20	14	支	4505	运费	1200.00		309440.00	0263
12-20	25	委收		水电费	18100.00		291340.00	0400
12-24	05	支	8512	货款		14040.00	305380.00	0263
12-24	14	支	4506	广告费	5000.00		300380.00	0230
12-25	06			收取利息	60000.00		240380.00	0263
12-27	25	委收		罚款	2000.00		238380.00	0230
12-30	42			利息转账		560.00	238940.00	0263
12-30		委收		代扣通信	1200.00		237740.00	0263
可用余额￥237740.00								

表 24

银行存款余额调节表

编制单位:嘉华实业有限公司　　　　　　年　月　日　　　　　　单位:元

项　　目	金　额	项　　目	金　额
银行存款日记账余额		银行对账单余额	
加:银行已收,企业未收款项 1. 2. 3. 4. 减:银行已付,企业未付款项 1. 2. 3. 4.		加:企业已收,银行未收款项 1. 2. 3. 4. 减:企业已付,银行未付款项 1. 2. 3. 4.	
调节后余额		调节后余额	

表 25

总分类账户本期发生额和余额试算平衡表

总账账户	期初余额		本期发生额		期末余额	
	借	贷	借	贷	借	贷
合　计						

第七章

财务报表编制实验

财务报表是指企业对外提供反映企业某一特定日期财务状况和某一会计期间经营成果、现金流量等会计信息的书面文件，是构成财务会计报告的核心内容，是会计主体对外传递财务会计信息的主要工具。编制财务报表是会计循环最后一个阶段的工作，其目的是对外提供有用的会计信息，为信息使用者服务。根据《企业会计准则第 30 号——财务报表列报》的规定，财务报表是对企业财务状况、经营成果和现金流量的结构性表述。财务报表至少应当包括下列组成部分：资产负债表，利润表，现金流量表，所有者权益（或股东权益）变动表，附注。本实验仅涉及资产负债表和利润表，其余报表的编制安排在财务会计实验中。

第一节　资产负债表的编制

资产负债表是反映会计主体某一特定日期全部资产、负债、所有者权益情况的报表。它以“资产＝负债＋所有者权益”为理论依据，反映企业某一日期资产、负债和所有者权益的全貌。通过资产负债表，可以帮助会计报表使用者全面了解企业的财务状况，分析企业的债务偿还能力，从而为未来的经济决策提供参考。

目前国际上流行的资产负债表格式主要有账户式和报告式两种。按照我国《企业会计准则》的规定，企业的资产负债表一般采用账户式。账户式资产负债表分为左右两方。左方列示资产各项目，各项目按资产的流动性大小，以降序方式排列；右方列示负债和所有者权益，其中负债各项目按偿还期的长短顺序排列，所有者权益各项目按永久性程度排列。

一、实验目的

通过本实验，使学生了解资产负债表的构成，理解资产负债表的作用，掌握资产负债表的编制方法。

二、实验要求

根据所给资料编制华飞工厂 2010 年 1 月 31 日资产负债表。

三、实验资料

(1) 参见第四章华飞工厂 2010 年 1 月 1 日有关总账和明细账的期初余额资料，假设华飞公司在 2009 年、2010 年采用的会计政策一致。

(2) 参见第六章第二节、第四节、第五节、第六节的实验资料和实验结果。

四、实验材料

资产负债表 1 张。

资产负债表

会企 01 表

编制单位：　　　　　　　　　　　____年____月____日　　　　　　　　　　　单位：元

资　　产	期末余额	年初余额	负债和所有者权益（或股东权益）	期末余额	年初余额
流动资产：		略	流动负债：		略
货币资金			短期借款		
交易性金融资产			交易性金融负债		
应收票据			应付票据		
应收账款			应付账款		
预付款项			预收款项		
应收股利			应付职工薪酬		
应收利息			应交税费		
其他应收款			应付利息		
存货			应付股利		
一年内到期的非流动资产			其他应付款		
其他流动资产			一年内到期的非流动负债		
流动资产合计			其他流动负债		
非流动资产：			流动负债合计		
可供出售金融资产			非流动负债：		
持有至到期投资			长期借款		

（续表）

资　产	期末余额	年初余额	负债和所有者权益（或股东权益）	期末余额	年初余额
投资性房地产			应付债券		
长期股权投资			长期应付款		
长期应收款			专项应付款		
固定资产			预计负债		
在建工程			递延所得税负债		
工程物资			其他非流动负债		
固定资产清理			非流动负债合计		
生产性生物资产			负债合计		
油气资产			所有者权益（或股东权益）：		
无形资产			实收资本（或股本）		
开发支出			资本公积		
商誉			减：库存股		
长摊待摊费用			盈余公积		
递延所得税资产			未分配利润		
其他非流动资产			所有者权益（或股东权益）合计		
非流动资产合计					
资产总计			负债和所有者（或股东权益）合计		

五、实验步骤

(1) 检查日常发生的经济业务是否已经全部入账，对尚未入账的经济业务及时进行账项调整。

(2) 检查是否结计了各总账、明细账的期末余额。

(3) 检查所编制的总分类账户试算平衡表中的平衡关系是否成立。

(4) 按规定方法和要求编制资产负债表。资产负债表的编制方法如下：

通常，资产负债表的各项目均需填列“年初余额”和“期末余额”。其中，“年初余额”栏内各项数字，应根据上年末资产负债表的“期末余额”栏内所列数字填列。“期末余额”则可分月末、季末或年末的数字，其资料来源有以下几个方面：

第一，直接根据总账科目的余额填列的有：交易性金融资产、应收票据（不包括已向银行贴现的应收票据）、应收股利、应收利息、工程物资、固定资产清理（如为贷方余额，应以“－”号填列）、递延所得税资产、短期借款、交易性金融负债、应付票据、应付职工薪酬（如为借方余额，应以“－”号填列）、应付股利、应交税费（如为借方余额，应以“－”号填列）、预计负债、长期借款、应付债券、递延所得税负债、实收资本、资本公积、盈余公积等。

第二，根据几个总账科目的余额计算填列的有："货币资金"项目，应根据"库存现金"、"银行存款"、"其他货币资金"科目的期末余额合计填列；"存货"项目，根据"在途物资"、"原材料"、"自制半成品"、"库存商品"、"材料成本差异"、"生产成本"、"包装物"、"低值易耗品"等科目分析计算填列；"固定资产"项目，根据"固定资产"、"累计折旧"、"固定资产减值准备"科目余额计算填列；"未分配利润"项目，根据"本年利润"科目和"利润分配"科目的余额计算填列。如未弥补亏损，在本项目内以"－"号填列。

第三，根据有关明细科目余额计算填列的有："应收账款"项目，根据"应收账款"科目所属明细科目的借方余额合计加上"预收账款"科目所属明细科目的借方余额减去"坏账准备"账户中有关应收账款计提的坏账准备期末余额的金额填列；"预收账款"项目，根据"预收账款"科目所属明细科目的贷方余额合计加上"应收账款"科目所属明细科目的贷方余额填列；"预付账款"项目，根据"预付账款"科目所属明细科目的借方余额合计加上"应付账款"科目所属明细科目的借方余额填列；"应付账款"项目，根据"应付账款"科目所属明细科目的贷方余额合计加上"预付账款"科目所属明细科目的贷方余额填列。

第四，根据总账和明细账两者的余额分析计算填列的有：一年内到期的非流动资产、一年内到期的非流动负债等。

第五，根据有关资产类账户与其备抵类账户抵消后的净额填列的有：可供出售金融资产、持有至到期投资、长期股权投资、无形资产等。

(5) 检查所编制的资产负债表是否符合会计等式的相关要求。

第二节　利润表的编制

利润表是反映企业在一定期间内利润（亏损）的实际情况的财务报表。利润表的理论依据是"收入－费用＝利润"。利润表的格式有多步式利润表和单步式利润表两种。我国采用多步式利润表。

一、实验目的

通过本实验，使学生了解利润表的构成，理解利润表的作用，掌握利润表的编制方法。

二、实验要求

根据所给资料编制华飞工厂 2010 年 1 月份利润表。

三、实验资料

参见第六章第二节、第四节、第五节、第六节的实验资料和实验结果。

四、实验材料

利润表一张。

利润表

会企 02 表

编制单位：　　　　　　　　　　　　　　　　　____年____月　　　　　　　　　　单位:元

项　　　目	行次	本月金额	本年累计金额
一、营业收入			
减:营业成本			
营业税金及附加			
销售费用			
管理费用			
财务费用(收益以"一"号填列)			
资产减值损失			
加:公允价值变动净收益(净损失以"一"号填列)			
投资净收益(净损失以"一"号填列)			
二、营业利润(亏损以"一"号填列)			
加:营业外收入			
减:营业外支出			
其中:非流动资产处置净损失(净收益以"一"号填列)			
三、利润总额(亏损总额以"一"号填列)			
减:所得税			
四、净利润(净亏损以"一"号填列)			
五、每股收益:			
(一) 基本每股收益			
(二) 稀释每股收益			

五、实验步骤

(1) 检查日常发生的经济业务是否已经全部入账，对尚未入账的经济业务及时进行账项调整。

(2) 检查是否结计了各总账、明细账的期末余额。

(3) 检查所编制的总分类账户试算平衡表中的平衡关系是否成立。

(4) 按规定方法和要求编制利润表。利润表的编制方法如下：

利润表中金额分为本月金额和本年累计金额两栏。利润表“本年累计金额”栏，反映各项目自年初起至报告期末止的累计实际发生金额。利润表“本月金额”栏，反映各项目的本月实际发生金额。填列方法有以下三种：

第一，根据各有关科目转入“本年利润”的发生额直接填列的项目有：营业税金及附加、销售费用、管理费用、财务费用（收益以“－”填列）、资产减值损失、公允价值变动收益（净损失以“－”填列）、投资收益（如果为投资损失，以“－”号填列）、营业外收入、营业外支出、所得税费用等。

第二，根据有关科目发生额计算填列的有：营业收入、营业成本。营业收入＝主营业务收入＋其他业务收入，营业成本＝主营业务成本＋其他业务成本。

第三，应根据各相关公式计算填列的项目有：营业利润、利润总额（如果为亏损总额，以“－”号填列）、净利润（如果为净亏损，以“－”号填列）。

(5) 检查利润表中对营业利润、利润总额、净利润的计算是否正确。

六、实验总结

1. 完成实验思考题

(1) 简述财务会计报告的组成内容。

(2) 简述资产负债表的内容和格式。

(3) 如何编制资产负债表？

(4) 如何编制利润表？

2. 填写实验报告

第三篇　综合模拟实验

基础会计综合模拟实验是在单项模拟实验的基础上，按照各种会计核算形式所进行的系统、全面的实验。该实验根据一个模拟企业的相关资料，按照规定的核算形式，完成单项实验中的期初建账、填制会计凭证、登记会计账簿、编制会计报表等各实验项目。会计核算形式，又称会计账务处理程序，是指以账簿组织为核心，把会计凭证、账簿组织、编制报表及记账程序和方法有机结合的方法和步骤。按登记总分类账的依据不同可以分为：记账凭证核算形式、日记总账核算形式、多栏式日记账核算形式、科目汇总表核算形式、汇总记账凭证核算形式等。在综合模拟实验中，我们主要选择了汇总记账凭证核算形式和科目汇总表核算形式两种。

第八章

汇总记账凭证流程综合实验

汇总记账凭证核算形式，是根据原始凭证或汇总原始凭证填制记账凭证，然后定期根据记账凭证分类编制汇总收款凭证、汇总付款凭证和汇总转账凭证，再据以登记总分类账的一种会计核算形式。采用汇总记账凭证核算形式，根据记账凭证定期编制汇总记账凭证并据以登记总账，相比根据记账凭证序时逐笔登记总账大大减少了登记总分类账的工作量。不仅如此，它还能够清晰地反映各会计科目的对应关系，同时可将总账科目不同时期的数字进行对比，便于分析资产、负债和所有者权益，以及资金运用的增减变化。但该种核算形式需定期集中编制汇总记账凭证，工作量仍然较大。该种核算形式一般适用于生产经营规模较大、经济业务量较多的大、中型企业。

一、汇总记账凭证流程综合实验的目的

通过该项实验，使学生熟悉在汇总记账凭证核算形式下，凭证的设置、账簿的组织以及记账程序的基本内容，并能熟练地掌握其操作的基本程序和方法。

二、汇总记账凭证流程综合实验的要求

（1）实验前应认真学习并熟练掌握汇总记账凭证核算形式的特点及汇总方法。

（2）实验中按要求填制需填的原始凭证和所有的记账凭证，登记相关的日记账、明细账和总账，最后进行对账和结账并编制会计报表。

（3）实验中对错误的地方按规定方法进行更正。

（4）实验后认真总结按规定提交实验报告。

三、汇总记账凭证流程综合实验资料

（一）模拟企业概况

单位名称：重庆蓝天有限责任公司

厂址、电话：重庆市南岸区学府路 166 号，023-62650011

开户银行、账号：中国工商银行重庆南岸支行，3100019006877655

纳税人类别：一般纳税人

纳税人识别号：515665123987653

主营业务：从事甲、乙产品的生产和销售

机构设置及主要负责人：

部　　门	职　　务	主要人员
总经理室	董事长兼法定代表人	肖　天
	总经理	刘　阳
办公室	办公室主任	张　永
财务部	部门经理	谭小言
	记账会计	王小军
	制单会计	刘　姝
	出　纳	谢　丹
供应部	部门经理	于　涛
生产部	部门经理	秦　平
销售部	部门经理	何志强
仓　库	管理员	唐　娜

（二）模拟企业会计政策和会计核算规定

（1）原材料日常收发按实际成本计价核算。设置"在途物资"账户，材料采购费用按材料重量分配，逐笔分摊计算。仓库进行数量明细核算，财务部门进行数量、金额核算，发出材料采用先进先出法。

（2）周转材料日常收发按实际成本计价核算。低值易耗品摊销采用分期摊销法，包装物摊销采用一次摊销法。

（3）"生产成本"明细分类账户设直接材料、直接人工和制造费用三个成本项目。"制造费用"按生产工时比例分配。

（4）"库存商品"明细账平时只进行数量核算，销售商品的成本在月末一次结转，销售商品的单位成本采用全月一次加权平均法计算。（计算结果若除不尽，小数点后保留两位。）

（5）固定资产折旧采用平均年限法，生产车间用固定资产月折旧率为 0.4%，厂部用固定资产折旧率为 0.6%。

（6）该企业为增值税一般纳税人，使用增值税专用发票，增值税税率 17%，所得税税率 25%，城市维护建设税税率为 7%，教育费附加费率为 3%。

（三）期初建账资料、本期业务资料和其他资料

1. 该公司2009年12月初有关资料

（1）各总分类账户的期初余额资料。

各总分类账户的期初余额表

单位:元

账户名称	借　方	贷　方
库存现金	5000	
银行存款	640540	
应收账款	699600	
应收票据		
在途物资		
原材料	254400	
库存商品	270300	
周转材料		
生产成本	38160	
其他应收款	6360	
固定资产	3498000	
在建工程	318000	
累计折旧		953000
无形资产	629640	
短期借款		890000
应付票据		
应付账款		191200
其他应付账		
应付职工薪酬		127200
应交税费		63600
应付利息		8900
实收资本		2000000
资本公积		162400
盈余公积		690700

（续表）

账户名称	借　　方	贷　　方
本年利润		955000
未分配利润		318000
合计	6360000	6360000

(2) 各有关明细分类账户的期初余额资料。

“原材料”明细账户期初余额。

“原材料”明细账户期初余额表

材料名称	计量单位	数　　量	单　　价	金额(元)
A	公斤	5200	20	104000
B	公斤	4050	15	60750
C	公斤	8965	10	89650

“库存商品”明细账户期初余额。

“库存商品”明细账户期初余额表

产品名称	计量单位	数　　量	单位成本	金额(元)
甲	件	1000	220	220000
乙	件	503	100	50300

“生产成本”明细账户期初余额:甲产品期初在产品 200 件,其中,材料费 22896 元,人工费 9540 元,制造费 5724 元,共 38160 元。

“应收账款”明细账户期初余额:重庆迅达公司 450000 元,成都顺风公司 249600 元。

“应付账款”明细账户期初余额:成都胜利公司 130000 元,重庆振新公司 61200 元。

“应交税费”明细账户期初余额:应交教育附加费 1734.5 元,应交城市建设维护税 4047.3 元,应交增值税 57818.2 元。

(3) 该企业往来客户资料。

公司名称	纳税人识别号	地址、电话	开户银行及账号	主要往来业务
重庆迅达股份有限公司	513675132789356	重庆市北碚区青龙路 166 号 023-89754322	工行重庆北碚支行 3100017856897655	甲产品
上海美林有限责任公司	310111778742168	上海市南京路 168 号	工行南京路支行 3100067231785689	乙产品

(续表)

公司名称	纳税人识别号	地址、电话	开户银行及账号	主要往来业务
成都顺风有限责任公司	310011756742121	成华区中华路 67 号 028-68774145	建行成华区中华路分理处 370004423426231	甲产品
广州飞鸿有限责任公司	440305416486465	广州市中山中路 505 号 020-87204009	工行中山路支行 3100076551785689	乙产品
成都胜利股份有限公司	310023586005450	成都市武侯区新南路 88 号 028-68006119	工行新南门支行 3100017856896723	A材料
重庆振新有限责任公司	513675193563278	重庆市渝北新华路 88 号 023-88774145	工行重庆渝北支行 3182109211246976	B材料
重庆华欣制造厂	510075193563264	重庆市沙坪坝区石小路 25 号 023-68855285	建行石小路分理处 370012233426674	工具

2. 该公司 2009 年 12 月份发生如下经济业务

(1) 1 日，用现金购买办公用品 1000 元(其中厂部 600 元，车间 400 元)(凭证 1、凭证 2)。

(2) 2 日，向胜利公司购进 A 材料 3000 公斤，单价 20.00 元，增值税率 17%，对方代垫运费 3000 元，款未付，材料尚未运到企业(凭证 3、凭证 4)。

(3) 5 日，采购员张斌借支差旅费 1800 元，以现金支付(凭证 5)。

(4) 4 日，填写现金支票一张，到银行提取现金 3000 元备用(凭证 6)。

(5) 5 日，销售给成都顺风公司甲产品 200 件，单价 350.00 元，增值税率 17%，以银行汇票结算货款(凭证 7 至凭证 9)。

(6) 5 日，收到银行收款通知，迅达公司通过信汇方式汇来前欠货款 300000 元，已汇入我公司存款账户(凭证 10)。

(7) 6 日，将 2 日从胜利公司购入的 A 材料如数验收入库(凭证 11)。

(8) 6 日，向本市利群公司销售 C 材料 2500 公斤，单价 12 元，收转账支票一张结算货款(凭证 12 至凭证 14)。

(9) 7 日，采购员张斌回厂报销差旅费，其中路费 1000 元，补贴 500 元，余款交回现金(凭证 15、凭证 16)。

(10) 7 日，向振新公司购进 B 材料 2000 公斤，单价 15 元，增值税率 17%，对方代垫运费 500 元，采用电汇方式结算货款及运费，材料尚未到达(凭证 17 至凭证 19)。

(11) 7 日，收到顺风公司偿还前欠货款 200000 元(凭证 20)。

(12) 8 日，生产车间本月投产甲产品 1000 件，领用材料 156000 元(其中 A 材料 5000 公斤，单价 20 元；B 材料 2600 公斤，单价 15 元；C 材料 1700 公斤，单价 10 元)(凭证 21 至凭证 23)。

(13) 8 日,销售给上海美林公司乙产品 120 件,单价 200 元,收转账支票一张结算货款(凭证 24 至凭证 26)。

(14) 9 日,将 7 日从振新公司购入的 B 材料验收入库(凭证 27)。

(15) 10 日,支付上月税金合计 63600 元(凭证 28 至凭证 30)。

(16) 11 日,向重庆双星机械设备厂购进设备一台,买价 10 万,增值税率 17%,签发转账支票支付(凭证 31 至凭证 33)。

(17) 11 日,销售给广州飞鸿公司乙产品 200 件,单价 200 元,收转账支票一张结算货款(凭证 34 至凭证 36)。

(18) 11 日,开出现金支票提取现金 127200 元,备发上月应付工资(凭证 37)。

(19) 12 日,发放上月工资(凭证 38)。

(20) 12 日,向胜利公司购进 A 材料 3000 公斤,单价 20 元,增值税率 17%,运费 3000 元,以信汇方式结算款项,材料尚未到达(凭证 39 至凭证 41)。

(21) 12 日,从本市华欣制造厂购买工具 100 把,单价 80 元,增值税率 17%,已入库,款未付(凭证 42、凭证 45)。

(22) 13 日,偿还前欠胜利公司货款 130000 元(凭证 45)。

(23) 14 日将从胜利公司购进的材料验收入库(凭证 45)。

(24) 14 日,车间生产乙产品 850 件,领用材料 42000 元(其中 A 材料 1200 公斤,单价 20 元;C 材料 1800 公斤,单价 10 元)(凭证 46、凭证 47)。

(25) 14 日,采用汇兑结算方式支付前欠振新公司货款 61200 元(凭证 48)。

(26) 14 日,向振新公司购 B 材料 3000 公斤,单价 15 元,增值税率 17%,开出并承兑三个月到期的商业汇票进行货款结算(凭证 49、凭证 50)。

(27) 15 日,以信汇方式支付 14 日购 B 材料的运费 1500 元(凭证 51、凭证 52)。

(28) 16 日,将从振新公司购入的 B 材料验收入库(凭证 53)。

(29) 17 日,盘亏设备一台,账面原值 80000 元,已提折旧 48000(凭证 54)。

(30) 17 日,接受海天公司捐赠设备一台,价值 10000 元(凭证 55)。

(31) 18 日,报销厂部业务招待餐饮费 800 元,现金支付(凭证 56 至凭证 58)。

(32) 20 日,向银行借款 100000 元,借款期 6 个月,年利率 6%,款存银行(凭证 59)。

(33) 21 日,职工报销外出进修学习费用 2000 元,共 10 人参加,每人 200 元,现金支付同时,收到重庆市职工培训中心发票一张(凭证 60)。

(34) 20 日,开出转账支票支付产品广告费 3200 元(单位:重庆市丽景广告有限公司)(凭证 61、凭证 62)。

(35) 20 日,收到顺风公司偿还前欠货款 9600 元(凭证 63、凭证 64)。

(36) 21 日,用银行存款支付第四季度借款利息 13350 元,已从存款户中划出(已预提 8900 元)(凭证 65)。

(37)22 日,收到银行计息通知单,第四季度银行存款利息 1500 元,款存银行(凭证 66)。

(38) 22 日，开出转账支票支付明年全厂财产保险费 36000 元(单位:重庆市平安保险公司)(凭证 67)。

(39) 22 日，车间领用工具 56 把，单价 80 元，分三个月分摊，要求本月摊销 1500 元(凭证 68)。

(40) 23 日，向迅达公司销售本公司甲产品 240 件，单价 350 元，增值税率 17%，款未收(凭证 69)。

(41) 24 日，开出转账支票付厂部当月电话费 1800 元(凭证 70、凭证 71)。

(42) 24 日，于涛因公出差，借支差旅费 1000 元，以现金支付(凭证 72)。

(43) 24 日，经批准将盘亏固定资产转作营业外支出(凭证 73)。

(44) 25 日，签发转账支票支付厂部汽车的修理费 2000 元(单位:重庆市华渝汽车修理有限公司)(凭证 74、凭证 75)。

(45) 25 日，到银行提取现金 3500 元备用(凭证 76)。

(46) 27 日，于涛外出回厂，报销差旅费:其中路费和住宿费 700 元，补贴 300 元，共计 1000 元(凭证 77)。

(47) 27 日，向重庆新世界公司购入包装物 1000 个，单价 5 元，签发转账支票支付款项(凭证 78、凭证 79)。

(48) 27 日，以现金支票支付重庆兴业会计师事务所审计业务费 1000 元(凭证 80、凭证 81)。

(49) 27 日，以现金支付职工困难补助费 2000 元(凭证 82)。

(50) 28 日，销售部门领甲产品用包装箱 700 个，单价 5 元(凭证 83)。

(51) 28 日，销售给本市乐天公司乙产品 200 件，单价 200 元，增值税率 17%，应收款合计 46800 元(凭证 84)。

(52) 29 日，盘亏 C 材料 100 公斤，单价 10 元，原因待查(不考虑进项税转出)(凭证 85)。

(53) 29 日，由于本公司没有履行合同，开出转账支票向市三星厂支付违约金和赔偿金，共计 5000 元(凭证 86、凭证 87)。

(54) 29 日，以银行存款支付本月全厂水费共计 3000 元(其中厂部耗用 100 吨，单价 4 元，合计 400 元;销售部耗用 50 吨，单价 4 元，合计 200 元;车间耗用 600 吨，单价 4 元，合计 2400 元)(单位:重庆市南岸区华泰供水厂)(凭证 88 至凭证 90)。

(55) 29 日，签发转账支票支付电费总计 4800 元。其中，厂部耗用 1000 度，单价 0.6 元/度，合计 600 元;销售部耗用 500 度，单价 0.6 元/度，合计 300 元;车间耗用 3000 度，单价 0.6 元/度，合计 1800 元;生产产品甲耗用 2000 度，单价 0.6 元/度，合计 1200 元;生产产品乙耗用 1500 度，单价 0.6 元/度，合计 900 元(单位:重庆市电力公司南岸区供电局)(凭证 91 至凭证 92)。

(56) 30 日，盘亏材料经核实，正常损耗 700 元，计入当期损益，保管员唐娜同意赔偿 300 元(凭证 94)。

(57) 30 日，向顺风公司销售甲产品 460 件，单价 350 元，代垫运费 3680 元，增值税率 17%，货款及代垫费尚未收到(凭证 95、凭证 96)。

(58) 30 日，计提折旧总计 14988 元，其中车间 12000 元，厂部 2088 元，销售部 900 元(凭证 97)。

(59) 30 日，根据工资费用分配表分配全厂当月工资费用总计 128000 元，其中生产甲产品工人工资 39500 元，生产乙产品工人工资 27000 元，厂部管理人员工资 14000 元，销售部人员工作 16000 元，车间管理人员工资 31500 元(凭证 98)。

(60) 30 日，将本月发生的制造费用按生产工时进行结转，分摊计入甲、乙产品。本月加工甲产品耗用 3600 工时，加工乙产品耗用 2400 工时(凭证 99)。

(61) 结转本月完工入库甲产品 1200 件的生产成本，乙产品 850 件的生产成本(凭证 100 至凭证 103)。

(62) 30 日，结转本月销售产品的生产成本(甲产品 900 件、乙产品 520 件)(凭证 104、凭证 105)。

(63) 30 日，结转已售 C 材料成本(2500 公斤，单位成本 10 元)(凭证 106)。

(64) 30 日，按应收账款余额的 0.3%提取坏账准备(凭证 107)。

(65) 31 日，编制“增值税纳税申报表”计算本月应纳增值税额(凭证 108)。

(66) 31 日，计算并结转本月主营业务税金及附加编制“城建税纳税申报表”(凭证 109 至凭证 111)。

(67) 31 日，结转本期损益类账户(凭证 112)。

(68) 编制“所得税纳税申报表”，计算本年应纳所得税额(假定无纳税调整项目)(凭证 113)。

(69) 31 日，将“本年利润”账户余额转入“利润分配”账户(凭证略)。

(70) 31 日，按全年税后利润的 10%计提盈余公积金(凭证 114)。

(71) 31 日，按税后利润的 20%向投资者分配利润(凭证 115)。

(72) 31 日，将“利润分配”各明细账户的余额转入“未分配利润”账户(凭证略)。

(73) 编制本月资产负债表和利润表。

四、汇总记账凭证流程综合实验所需实验材料

(1) 专用记账凭证或通用记账凭证。

(2) 三栏式账页、多栏式账页、数量金额式账页。

(3) 资产负债表、利润表。

(4) 资料夹、回形针、裁纸刀、胶水、装订机等。

实验所需凭证、账页数量见下表：

种　　类	数　　量	种　　类	数　　量
收款凭证	15 张	三栏式账页	50 张
付款凭证	35 张	多栏式账页	10 张
转账凭证	70 张	数量金额式账页	15 张
封面、封底	2 套	资产负债表	2 张
现金日记账	2 张	损益表	2 张
银行日记账	4 张		

五、汇总记账凭证流程综合实验步骤

第一步，根据本企业 2009 年 12 月 1 日有关账户的期初余额资料，建立和启用下列账簿：

(1) 设置三栏式总分类账，每张账页开设一个总账账户。

(2) 设置三栏式库存现金、银行存款日记账。

(3) 设置相应格式的明细账：三栏式明细账，用来登记"应收账款"、"应付账款"、"应交税费"、"应付职工薪酬"等只需要进行金额核算的经济业务；多栏式明细账，用来登记"生产成本"、"制造费用"、"管理费用"、"主营业务收入"、"利润分配"等明细账；数量金额式明细账，用来登记"原材料"、"库存商品"等既需要进行数量核算，又需要进行金额核算的明细账。

第二步，填制和审核原始凭证，并据以填制收款、付款和转账凭证。

(1) 将本模块所给的制造业经济业务的原始凭证按编号一一裁下，填制自制原始凭证，审核无误后填制相应的收款、付款和转账凭证。

(2) 除支票只将存根部分裁下粘贴在对应记账凭证之后，其余原始凭证应附在与之对应的记账凭证的背后。

(3) 为了减少登记总分类账的工作量，可以将一部分内容相同的原始凭证编制成汇总原始凭证，再据以填制记账凭证。

(4) 月末根据有关账簿记录填制"自制原始凭证"，并据以填制记账凭证。需要根据账簿记录填制自制原始凭证的有"制造费用分配表"、"工资费用分配表"、"完工产品成本计算表"、"各种税费草算表"等。

第三步，由出纳人员根据审核无误的收款、付款凭证逐日逐笔登记库存现金日记账和银行存款日记账，并办理必要的日结和转页手续。

第四步，逐日逐笔登记各种明细分类账，并逐日结算各账户的余额。

第五步，根据收、付、转记账凭证按旬编制汇总收款凭证、汇总付款凭证和汇总转账凭证，根据汇总记账凭证登记总分类账。

第六步，月末办理对账和结账。

(1) 检查本期内发生的经济业务是否已经全部填制记账凭证并已登记入账。

(2) 按照权责发生制要求进行账项调整。

(3) 编制“总分类账本期发生额及余额试算平衡表”,以检查账户记录是否正确。

(4) 编制“明细分类账本期发生额及余额试算平衡表”,以检查总分类账与明细分类账的平行登记是否正确。

第七步,月末,根据总分类账和明细分类账的有关记录编制资产负债表和利润表。

第八步,月末,将全月的记账凭证、会计账簿加具封面装订成册,归档并妥善保管。

六、实验报告

实验结束后,要求学生编写实验报告,其内容主要包括:

(1) 实验内容。

(2) 实验中存在的问题及解决办法。

(3) 实验体会及建议。

附录:综合模拟实验原始凭证

凭证 1

重庆市商业统一发票

发票代码:150000921031

发票联

发票号码:01154481

购货单位:重庆市蓝天有限责任公司　　2009 年 12 月 1 日

品名及规格	计量单位	数量	单价	金额							备注
				万	千	百	十	元	角	分	
记录本	支	30	5			1	5	0	0	0	
A4 打印纸	包	15	30			4	5	0	0	0	
签字笔	盒	20	20			4	0	0	0	0	
合计金额(大写):人民币壹仟元整				¥	1	0	0	0	0	0	

重庆新世界公司
发票专用章(22)
500142541884574

第二联　报销凭证联

收款单位(盖章有效):　　收款人:王方　　开票人:张馨

凭证 2

办公用品领用表

2009 年 12 月 1 日　　单位:元

部　门	领用数量			金　额
	记录本(本)	A4 打印纸(包)	签字笔(盒)	
生产车间	10	5	10	400.00
厂　部	20	10	10	600.00
合　计				1000.00

审核:(略)　　制表:(略)

凭证 3

四川省增值税专用发票

№00084008

发票联　　　　开票日期:2009 年 12 月 2 日

购货单位	名　　　称:重庆市蓝天有限责任公司 纳税人识别号:515665123987653 地 址、电 话:重庆市南岸区学府路 166 号　023-62650011 开户行及账号:工行重庆南岸支行　3100019006877655				密码区	略	
货物或应税劳务名称	规格型号	单位	数量	单价	金额	税率	税额
A 材料		公斤	3000	20.00	60000.00	17%	102000.00
合计					¥50000.00		¥50000.00
价税合计(大写)	人民币柒万零贰佰元整						(小写)¥70200.00
销货单位	名　　　称:成都胜利有限责任公司 纳税人识别号:310023586005450 地 址、电 话:成都市武侯区新南路 88 号　028-68006119 开户行及账号:工行新南门支行　3100017856896723				备注		

第三联:发票联　购货方记账凭证

收款人:(略)　　复核:(略)　　开票人:(略)　　销货单位(章):

凭证 4

四川省公路运费发票

发货单位:成都胜利公司　　　2009 年 12 月 2 日　　　№0027543

发　站	成都站		到　站	重庆站
货物名称	件数	包装	重量	计费重量
A 材料	3 件		3000 公斤	3000 公斤
类别	费率	数量	金额	附记
运费		3000 公斤	3000.00	
合计金额(大写):人民币叁仟元整				
收货单位:重庆蓝天有限责任公司		经办人:李华		

第二联:运费收据

凭证 5

借款单

2009 年 12 月 3 日　　　　第 115 号

借款部门	张斌	金 额							
人民币(大写)壹仟捌佰元整		十	万	千	百	十	元	角	分
			¥	1	8	0	0	0	0
借款事由:购买材料									
领导批示	财务负责人	借款部门负责人				借款人			
同意	谭小言	于涛				张斌			

凭证 6

中国工商银行现金支票存根

Ⅳ Ⅴ 00166430

科目______________

对方科目____________

出票日期　年　月　日

收款人:
金额:
用途:

单位主管　　会计

中国工商银行现金支票　　Ⅳ Ⅴ 00166430

出票日期(大写):　年　月　日　付款行名称:

收款人:　　出票人账号:

人民币(大写)	千	百	十	万	千	百	十	元	角	分

用途:______　　科目(借)______

以上款项请从　　对方科目(贷)______

我账户内支付　　转账日期　年　月　日

出票人签章　　复核　　记账

凭证7

重庆市增值税专用发票

№00471201

记账联　　开票日期:2009年12月3日

购货单位	名　　称:成都顺风有限责任公司 纳税人识别号:310011756742121 地 址、电 话:成都市成华区中华路67号 028-68774145 开户行及账号:建行成华区中华路分理处 370004423426231			密码区	略		
货物或应税劳务名称	规格型号	单位	数量	单价	金额	税率	税额
甲产品		件	200	350.00	70000.00	17%	11900.00
合计					¥70000.00		¥11900.00
价税合计(大写)	人民币捌万壹仟玖佰元整						(小写)¥81900.00
销货单位	名　　称:重庆市蓝天有限责任公司 纳税人识别号:515665123987653 地 址、电 话:重庆市南岸区学府路166号 023-62650011 开户行及账号:工行重庆南岸支行 3100019006877655			备注			

收款人:　　复核:　　开票人:　　销货单位(章):

第一联:记账联　销货方记账凭证

凭证8

中国工商银行银行汇票　2

XI25140

第120号

付款期限
壹个月

出票日期2009年12月1日
(大写)贰零零玖年壹拾贰月零壹日　兑付地点:　　兑付行:　　行号:

收款人:重庆市蓝天有限责任公司	账号或住址:3100019006877655										
出票金额	人民币捌万壹仟玖佰元整 (大写)										
实际结算金额	人民币捌万壹仟玖佰元整 (大写)	千	百	十	万	千	百	十	元	角	分
				¥	8	1	9	0	0	0	0

汇款人:成都顺风公司　　账号或地址:310011756742121

出票行:建行成都成华区支行　　行号:

汇款用途:支付购货款

备　　注:

出票人签章

年　月　日

密押								
多余金额								
十	万	千	十	百	元	角	分	
								复核　记账

此联代理付款行付款后作联行往来账借方凭证附件

凭证 9

中国工商银行　进账单(收账通知)　3

2009 年 12 月 5 日

<table>
<tr><td rowspan="3">付款人</td><td>全　称</td><td>成都顺风有限责任公司</td><td rowspan="3">收款人</td><td>全　称</td><td colspan="10">重庆蓝天有限责任公司</td></tr>
<tr><td>账　号</td><td>370004423426231</td><td>账　号</td><td colspan="10">3100017856897655</td></tr>
<tr><td>开户银行</td><td>建行成华区中华路分理处</td><td>开户银行</td><td colspan="10">工行重庆南岸支行</td></tr>
<tr><td rowspan="2">金额</td><td colspan="4" rowspan="2">人民币捌万壹仟玖佰元整
(大写)</td><td>千</td><td>百</td><td>十</td><td>万</td><td>千</td><td>百</td><td>十</td><td>元</td><td>角</td><td>分</td></tr>
<tr><td></td><td></td><td>¥</td><td>8</td><td>1</td><td>9</td><td>0</td><td>0</td><td>0</td><td>0</td></tr>
<tr><td>票据种类</td><td>银行汇票</td><td>票据张数</td><td colspan="2">壹张</td><td colspan="10" rowspan="3">开户银行签章(章)</td></tr>
<tr><td>票据号码</td><td colspan="4"></td></tr>
<tr><td colspan="5">复核　　记账</td></tr>
</table>

此联是收款人开户行给收款人的收账通知

凭证 10

中国工商银行　信汇凭证(收账通知)　4

委托日期 2009 年 12 月 5 日

<table>
<tr><td rowspan="3">汇款人</td><td>全　称</td><td>重庆迅达股份有限公司</td><td rowspan="3">收款人</td><td>全　称</td><td colspan="10">重庆蓝天有限责任公司</td></tr>
<tr><td>账　号</td><td>3100068971785634</td><td>账　号</td><td colspan="10">3100017856897655</td></tr>
<tr><td>汇出地点</td><td>省　重庆市/县</td><td>汇入地点</td><td colspan="10">省　重庆市/县</td></tr>
<tr><td colspan="2">汇出行名称</td><td>工行重庆北碚支行</td><td colspan="2">汇入行名称</td><td colspan="10">工行重庆南岸支行</td></tr>
<tr><td rowspan="2">金额</td><td colspan="4" rowspan="2">人民币叁拾万元整
(大写)</td><td>千</td><td>百</td><td>十</td><td>万</td><td>千</td><td>百</td><td>十</td><td>元</td><td>角</td><td>分</td></tr>
<tr><td></td><td>¥</td><td>3</td><td>0</td><td>0</td><td>0</td><td>0</td><td>0</td><td>0</td><td>0</td></tr>
<tr><td colspan="5" rowspan="2">款项已汇入收款人账户

汇出行签章(章)</td><td colspan="10">支付密码</td></tr>
<tr><td colspan="10">附加信息及用途:购货款

复核　　记账</td></tr>
</table>

此联汇出行给收款人的收账通知

凭证 11

收 料 单

供货单位：

发票号码：　　　　　　　　　　年　月　日　　　　　　　　　　№10091201

材料名称	规格	计量单位	数 量		实 际 成 本			
			应收	实收	单价	金额	运杂费	合计

财务主管：　　　　记账：　　　　仓库保管：　　　　采购员：

凭证 12

重庆市增值税专用发票

№00471202

记账联　　　　开票日期：2009 年 12 月 6 日

购货单位	名　　称：重庆利群有限公司 纳税人识别号：500011223846763 地 址、电 话：重庆市渝中区新华路 7 号 023-88620112 开户行及账号：工行重庆渝中支行 3100109211241125	密码区	略

商品或劳务名称	规格型号	单位	数量	单价	金额	税率	税额
C 材料		公斤	2500	12.00	30000.00	17%	5100.00
合计					¥30000.00		¥5100.00
价税合计（大写）	人民币叁万伍仟壹佰元整						（小写）¥35100.00

销货单位	名　　称：重庆市蓝天有限责任公司 纳税人识别号：515665123987653 地 址、电 话：重庆市南岸区学府路 166 号　023-62650011 开户行及账号：工行重庆南岸支行　3100019006877655	备注	

第一联：记账联　销货方记账凭证

收款人：　　　　复核：　　　　开票人：　　　　销货单位（章）：

凭证 13

中国工商银行转账支票存根	中国工商银行转账支票　　X Ⅱ 00124768
X Ⅱ 00124768	出票日期(大写)：　年　月　日　付款行名称：
科目________	收款人：　　出票人账号：
对方科目________	人民币（大写）
出票日期　年　月　日	千 百 十 万 千 百 十 元 角 分
收款人：	用途：________　　科目(借)________
金额：	以上款项请从　　对方科目(贷)________
用途：	我账户内支付　　转账日期　年　月　日
单位主管　　会计	出票人签章　　复核　　记账

凭证 14

中国工商银行进账单(收账通知)　3

2009 年 12 月 6 日

付款人	全　称	重庆利群有限公司	收款人	全　称	重庆蓝天有限责任公司
	账　号	3100109211241125		账　号	3100017856897655
	开户银行	工行重庆渝中支行		开户银行	工行重庆南岸支行

金额	人民币叁万伍仟壹佰元整（大写）	千	百	十	万	千	百	十	元	角	分
				¥	3	5	1	0	0	0	0

票据种类	转支	票据张数	壹张
票据号码			
复核　　记账		开户银行签章(章)	

此联是开户银行交给持(出)票人的收账通知

凭证 15

差旅费报销单

2009 年 12 月 7 日

出发地			到达地			公出补助			车船飞机费	卧铺	住宿费	市内车费	合计金额
月	日	地点	月	日	地点	天数	标准	金额					
12	5	重庆	12	5	广州	3	100	300	840		360		1500
12	7	广州	12	7	重庆								
合计													¥1500

单位领导:刘阳　　财务主管:谭小言　　公出人姓名:张斌　　审核人:于涛

凭证 16

收　　据

2009 年 12 月 7 日　　№000912

今收到:张斌 人民币(大写)叁佰元整　　¥300.00
收款事由:退回借支差旅费多余款

第二联记账联

收款单位:　　财务主管:谭小言　　出纳:谢丹　　交款人:张斌

凭证 17

重庆市增值税专用发票

№00084315

发票联　　开票日期:2009 年 12 月 7 日

<table>
<tr><td rowspan="4">购货单位</td><td colspan="7">名　　称:重庆市蓝天有限责任公司</td><td rowspan="4">密码区</td><td rowspan="4">略</td></tr>
<tr><td colspan="7">纳税人识别号:515665123987653</td></tr>
<tr><td colspan="7">地 址、电 话:重庆市南岸区学府路 166 号　023-62650011</td></tr>
<tr><td colspan="7">开户行及账号:工行重庆南岸支行　3100019006877655</td></tr>
<tr><td colspan="2">货物或应税劳务名称
B 材料</td><td>规格型号</td><td>单位
公斤</td><td>数量
2000</td><td>单价
10.00</td><td>金额
30000.00</td><td>税率
17%</td><td colspan="2">税额
5100.00</td></tr>
<tr><td colspan="2">合计</td><td></td><td></td><td></td><td></td><td>¥30000.00</td><td></td><td colspan="2">¥5100.00</td></tr>
<tr><td colspan="2">价税合计(大写)</td><td colspan="8">人民币叁万伍仟壹佰元整　　(小写)¥35100.00</td></tr>
<tr><td rowspan="4">销货单位</td><td colspan="7">名　　称:重庆振新有限责任公司</td><td rowspan="4">备注</td><td rowspan="4"></td></tr>
<tr><td colspan="7">纳税人识别号:513675193563278</td></tr>
<tr><td colspan="7">地 址、电 话:重庆市渝北新华路 88 号　023-88774145</td></tr>
<tr><td colspan="7">开户行及账号:工行重庆渝北支行　3182109211246976</td></tr>
</table>

收款人:(略)　　复核:(略)　　开票人:(略)　　销货单位(章):

凭证 18

重庆市公路运费发票

发货单位:重庆振新公司　　2009 年 12 月 7 日　　№0047512

<table>
<tr><td>发　站</td><td colspan="2">重庆站</td><td>到　站</td><td>重庆站</td></tr>
<tr><td>货物名称</td><td>件数</td><td>包装</td><td>重量</td><td>计费重量</td></tr>
<tr><td>B 材料</td><td>2 件</td><td></td><td>2000 公斤</td><td>2000 公斤</td></tr>
<tr><td></td><td></td><td></td><td></td><td></td></tr>
<tr><td>类别</td><td>费率</td><td>数量</td><td>金额</td><td>附记</td></tr>
<tr><td>运费</td><td></td><td>2000 公斤</td><td>500.00</td><td rowspan="3"></td></tr>
<tr><td colspan="4">合计金额(大写):人民币伍佰元整</td></tr>
<tr><td colspan="4">收货单位:重庆蓝天有限责任公司　　经办人:李华</td></tr>
</table>

第二联:运费收据

凭证 19

中国工商银行电汇凭证(回单)　1

□普通　□加急　　　　委托日期 2009 年 12 月 9 日

<table>
<tr><td rowspan="3">汇款人</td><td>全　　称</td><td>重庆蓝天有限责任公司</td><td rowspan="3">收款人</td><td>全　　称</td><td colspan="11">重庆振新有限责任公司</td><td rowspan="9">此联汇出行给汇款人的回单</td></tr>
<tr><td>账　　号</td><td>3100017856897655</td><td>账　　号</td><td colspan="11">3182109211246976</td></tr>
<tr><td>汇出地点</td><td>省　重庆市/县</td><td>汇入地点</td><td colspan="11">省　重庆市/县</td></tr>
<tr><td colspan="2">汇出行名称</td><td>工行重庆南岸支行</td><td colspan="2">汇入行名称</td><td colspan="11">工行重庆渝北支行</td></tr>
<tr><td rowspan="2">金额</td><td colspan="2" rowspan="2">人民币叁万伍仟陆佰元整
(大写)</td><td colspan="2">亿</td><td>千</td><td>百</td><td>十</td><td>万</td><td>千</td><td>百</td><td>十</td><td>元</td><td>角</td><td>分</td></tr>
<tr><td colspan="2"></td><td></td><td></td><td>¥</td><td>3</td><td>5</td><td>6</td><td>0</td><td>0</td><td>0</td><td>0</td></tr>
<tr><td colspan="3" rowspan="3">

汇出行签章</td><td colspan="13">支付密码</td></tr>
<tr><td colspan="13">附加信息及用途:购 B 材料货款</td></tr>
<tr><td colspan="13">复核:　　记账:</td></tr>
</table>

凭证 20

中国工商银行信汇凭证(收账通知)　4

委托日期 2009 年 12 月 7 日

<table>
<tr><td rowspan="3">汇款人</td><td>全　　称</td><td>成都顺风有限责任公司</td><td rowspan="3">收款人</td><td>全　　称</td><td colspan="11">重庆蓝天有限责任公司</td><td rowspan="9">此联汇出行给收款人的收账通知</td></tr>
<tr><td>账　　号</td><td>310011756742121</td><td>账　号</td><td colspan="11">3100017856897655</td></tr>
<tr><td>汇出地点</td><td>省　重庆市/县</td><td>汇入地点</td><td colspan="11">省　重庆市/县</td></tr>
<tr><td colspan="2">汇出行名称</td><td>建行成华区中华路分理处</td><td colspan="2">汇入行名称</td><td colspan="11">工行重庆南岸支行</td></tr>
<tr><td rowspan="2">金额</td><td colspan="2" rowspan="2">人民币贰拾万元整
(大写)</td><td colspan="2">亿</td><td>千</td><td>百</td><td>十</td><td>万</td><td>千</td><td>百</td><td>十</td><td>元</td><td>角</td><td>分</td></tr>
<tr><td colspan="2"></td><td></td><td>¥</td><td>2</td><td>0</td><td>0</td><td>0</td><td>0</td><td>0</td><td>0</td><td>0</td></tr>
<tr><td colspan="3" rowspan="3">款项已汇入收款人账户

汇入行签章(章)</td><td colspan="13">支付密码</td></tr>
<tr><td colspan="13">附加信息及用途:购货款</td></tr>
<tr><td colspan="13">复核　　记账</td></tr>
</table>

凭证 21

领料单

领料部门：

用途：　　　　　　　　　　　　年　月　日　　　　　　　　　　凭证编号:120

材料编号	材料名称及规格	计量单位	数　量		价　格	
			应　领	实　领	单　价	金　额
备注：					合计	

记账：　　　　审批人：　　　　领料人：　　　　发料人：

第二联　记账联

凭证 22

领料单

领料部门：

用途：　　　　　　　　　　　　年　月　日　　　　　　　　　　凭证编号:121

材料编号	材料名称及规格	计量单位	数　量		价　格	
			应　领	实　领	单　价	金　额
备注：					合计	

记账：　　　　审批人：　　　　领料人：　　　　发料人：

记账联

凭证 23

领料单

领料部门：

用途： 年 月 日 凭证编号：122

材料编号	材料名称及规格	计量单位	数量		价格	
			应领	实领	单价	金额
备注：					合计	

第二联 记账联

记账： 审批人： 领料人： 发料人：

凭证 24

重庆市增值税专用发票

№00471203

记账联 开票日期：2009 年 12 月 8 日

购货单位	名称：上海美林有限责任公司 纳税人识别号：310111778742168 地址、电话：上海市南京路 168 号 02168795446 开户行及账号：工行南京路支行 3100067231785689					密码区	略
货物或应税劳务名称	规格型号	单位	数量	单价	金额	税率	税额
乙产品		件	120	200.00	24000.00	17%	4080.00
合计					¥24000.00		¥4080.00
价税合计（大写）	人民币贰万捌仟零捌拾元整						（小写）¥28080.00
销货单位	名称：重庆市蓝天有限责任公司 纳税人识别号：515665123987653 地址、电话：重庆市南岸区学府路 166 号 023-62650011 开户行及账号：工行重庆南岸支行 3100019006877655					备注	

第一联 记账联 销货方记账凭证

收款人： 复核： 开票人： 销货单位（章）：

凭证 25

中国工商银行转账支票存根	中国工商银行转账支票　　X Ⅱ 00164725
X Ⅱ 00164725 科目________ 对方科目________ 出票日期　年　月　日	出票日期(大写)：　年　月　日　付款行名称： 收款人：　出票人账号：
收款人： 金额： 用途：	人民币(大写)　千 百 十 万 千 百 十 元 角 分
单位主管　会计	用途：________　科目(借)________ 以上款项请从　对方科目(贷)________ 我账户内支付　转账日期　年　月　日 出票人签章　复核　记账

凭证 26

中国工商银行进账单(收账通知)　3

2009 年 12 月 6 日

付款人	全　称	上海美林有限责任公司	收款人	全　称	重庆蓝天有限责任公司
	账　号	3100067231785689		账　号	3100017856897655
	开户银行	工行南京路支行		开户银行	工行重庆南岸支行

金额	人民币贰万捌仟零捌拾元整 (大写)	千	百	十	万	千	百	十	元	角	分
				¥	2	8	0	8	0	0	0

票据种类	转支	票据张数	壹张
票据号码			
复核　记账		开户银行签章(章)	

此联是开户银行交给

凭证 27

收 料 单

供货单位：

发票号码：　　　　　　　　　年　月　日　　　　　　　　№10091202

材料名称	规格	计量单位	数　量		实　际　成　本			
			应收	实收	单价	金额	运杂费	合计

财务主管：　　　　记账：　　　　仓库保管：　　　　采购员：

凭证 28

中国工商银行重庆市××营业部

日期：2009 年 12 月 10 日　　　　重庆市电子缴税回单　　　　清算日期：2009 年 12 月 10 日

付款人	全　称	重庆蓝天有限责任公司	收款人	全　称	重庆地方税务局南岸区征收分局
	账　号	3100017856897655		账　号	3100090700308866
	开户银行	工行重庆南岸支行		开户银行	中国国家金库重庆市南岸区支库

金额	千	百	十	万	千	百	十	元	角	分
人民币陆万叁仟陆佰元整（大写）			¥	6	3	6	0	0	0	0

内　容	扣缴地税	电子税号	（略）	纳税人编码	（略）	纳税人名称	重庆蓝天有限责任公司

税　种	所属期	纳税金额	备注	税种	所属期	纳税金额	备注
增值税	091101-091130	57818.2		教育费附加	091101-091130	1734.5	
城建税	091101-091130	4047.3					
附　言							

凭证 29

中华人民共和国税收通用缴款书

隶属关系：市属企业　　　　　　　　　　　　　　　　　　　　　　　(2009)渝地 96784 号

注册类型：有限责任公司　　　　填发日期：2009 年 12 月 10 日　　　　征收机关：南岸区地税局

<table>
<tr><td rowspan="4">缴款单位（人）</td><td>代　码</td><td>21005632767518</td><td rowspan="3">预算科目</td><td>编　码</td><td>略</td></tr>
<tr><td>全　称</td><td>重庆蓝天有限责任公司</td><td>名　称</td><td>略</td></tr>
<tr><td>开户银行</td><td>工商银行重庆南岸支行</td><td>级　次</td><td>略</td></tr>
<tr><td>账　号</td><td>3100019006877655</td><td colspan="2">收款国库</td><td>略</td></tr>
<tr><td colspan="3">税款所属期　2009-11-01～2009-11-30</td><td colspan="3">税款限缴日期　2009-12-10</td></tr>
</table>

税　目	计税总额	税率/税额	已纳/抵扣额	入库金额(元)
增值税				57818.2
合计金额(大写)：人民币伍万柒仟捌佰壹拾捌元贰角整				¥57818.2

缴款单位(人) (盖章) 经办人(章)	税务机关 (盖章) 填票人(章)	上列款项已收妥并划转收款单位账户 国库(银行)盖章 2009 年 12 月 10 日	备注： 正常申报

第一联（收据）国库（银行）收款盖章后退缴款单位（人）作完税凭证

凭证 30

中华人民共和国税收通用缴款书

隶属关系：市属企业　　　　　　　　　　　　　　　　　　　　　　(2009)渝地 96784 号

注册类型：有限责任公司　　　　填发日期：2009 年 12 月 10 日　　　　征收机关：南岸区地税局

缴款单位（人）	代码	21005632767518	预算科目	编码	略
	全称	重庆蓝天有限责任公司		名称	略
	开户银行	工商银行重庆南岸支行		级次	略
	账号	3100019006877655	收款国库		略
税款所属期　2009-11-01～2009-11-30			税款限缴日期　2009-12-10		

税目	计税总额	税率/税额	已纳/抵扣额	入库金额(元)
城建税		7%		4047.3
教育费附加		3%		1734.5
合计金额(大写)：人民币伍仟柒佰捌拾捌壹元捌角整				￥5781.80

缴款单位(人) (盖章) 经办人(章)	税务机关 (盖章) 填票人(章)	上列款项已收妥并划转收款单位账户 国库(银行)盖章 2009 年 12 月 10 日	备注： 正常申报

第一联（收据）国库（银行）收款盖章后退缴款单位（人）作完税凭证

凭证 31

中国工商银行转账支票存根

Ⅳ Ⅴ 00166431

科目________________

对方科目________________

出票日期　　年　月　日

收款人：	
金额：	
用途：	

单位主管　　　　会计

中国工商银行转账支票　　Ⅳ Ⅴ 00166431

出票日期(大写)：　　年　　月　　日　付款行名称：

收款人：　　　　　　　　　　　　　　出票人账号：

人民币(大写)	千	百	十	万	千	百	十	元	角	分

用途：________　　　　　　科目(借)________

以上款项请从　　　　　　　对方科目(贷)________

我账户内支付　　　　　　　转账日期　　年　月　日

出票人签章　　　　　　　　复核　　　记账

凭证 32

重庆市增值税专用发票

№00086783

发票联　　开票日期:2009 年 12 月 11 日

<table>
<tr><td>购货单位</td><td colspan="6">名　　　称:重庆市蓝天有限责任公司
纳税人识别号:515665123987653
地 址、电 话:重庆市南岸区学府路 166 号　023-62650011
开户行及账号:工行重庆南岸支行　3100019006877655</td><td>密码区</td><td colspan="2">略</td></tr>
<tr><td colspan="2">货物或劳务名称</td><td>规格型号</td><td>单位</td><td>数量</td><td>单价</td><td>金额</td><td>税率</td><td>税额</td></tr>
<tr><td colspan="2">设备</td><td>H-W30</td><td>台</td><td>1</td><td>100000</td><td>100000.00</td><td>17%</td><td>17000.00</td></tr>
<tr><td colspan="2">合计</td><td></td><td></td><td></td><td></td><td>¥100000.00</td><td></td><td>¥17000.00</td></tr>
<tr><td colspan="2">价税合计(大写)</td><td colspan="7">人民币壹拾壹万柒仟元整(小写)　¥117000</td></tr>
<tr><td>销货单位</td><td colspan="6">名　　　称:重庆双星机械设备厂
纳税人识别号:400055441273214
地 址、电 话:重庆市巴南区李子路 150 号　023-69022665
开户行及账号:工行巴南支行　3100017856892358</td><td>备注</td><td colspan="2"></td></tr>
</table>

第二联:发票联　购货方记账凭证

收款人:　　复核:　　开票人:　　销货单位(章):

凭证 33

固定资产验收单

2009 年 12 月 11 日　　№075

<table>
<tr><td colspan="2">固定资产名称</td><td>型号</td><td colspan="2">计量单位</td><td colspan="2">数量</td><td colspan="3">供货单位</td></tr>
<tr><td colspan="2">设备</td><td>H-W30</td><td colspan="2">台</td><td colspan="2">1</td><td colspan="3">重庆双星机械设备厂</td></tr>
<tr><td rowspan="2">总价</td><td>设备费</td><td>安装费</td><td>运杂费</td><td>包装费</td><td colspan="2">其他</td><td>合计</td><td>预计年限</td><td>净残值率</td></tr>
<tr><td>100000</td><td></td><td></td><td></td><td colspan="2"></td><td>¥100000</td><td>10</td><td>4%</td></tr>
<tr><td colspan="2">验收意见</td><td>合格</td><td colspan="2">验收人签章</td><td colspan="2">张利</td><td colspan="2">保管使用人签章</td><td>石鸿</td></tr>
</table>

凭证 34

重庆市增值税专用发票

№00471204

记账联　　开票日期:2009 年 12 月 11 日

购货单位	名　　称:广州飞鸿有限责任公司 纳税人识别号:440305416486465 地 址、电 话:广州市中山中路 505 号　020-87204009 开户行及账号:工商银行中山支行　3100076551785689					密码区	略
货物或劳务名称	规格型号	单位	数量	单价	金额	税率	税额
乙产品		件	200	200.00	40000.00	17%	6800.00
合计					¥40000.00		¥6800.00
价税合计(大写)	人民币肆万陆仟捌佰元整						(小写)¥46800.00
销货单位	名　　称:重庆市蓝天有限责任公司 纳税人识别号:515665123987653 地 址、电 话:重庆市南岸区学府路 166 号　023-62650011 开户行及账号:工行重庆南岸支行　3100019006877655					备注	

收款人:　　复核:　　开票人:　　销货单位(章):

第一联:记账联　销货方记账凭证

凭证 35

中国工商银行转账支票存根

ⅣV 00206628

科目__________

对方科目__________

出票日期　　年　月　日

收款人:	
金额:	
用途:	

单位主管　　会计

中国工商银行转账支票

ⅣV **00206628**

出票日期(大写):　　年　　月　　日　付款行名称:

收款人:　　出票人账号:

人民币(大写)	千	百	十	万	千	百	十	元	角	分

用途:________　　科目(借)________

以上款项请从　　对方科目(贷)________

我账户内支付　　转账日期　　年　月　日

出票人签章　　复核　　记账

凭证 36

中国工商银行进账单（收账通知） 3

2009 年 12 月 11 日

付款人	全称	广州飞鸿有限责任公司	收款人	全称	重庆蓝天有限责任公司
	账号	3100076551785689		账号	3100017856897655
	开户银行	工商银行中山支行		开户银行	工行重庆南岸支行

		千	百	十	万	千	百	十	元	角	分
金额	人民币肆万陆仟捌佰元整（大写）			¥	4	6	8	0	0	0	0

票据种类	转支	票据张数	壹张
票据号码			

复核　记账

开户银行签章（章）

此联是开户银行交给持（出）票人的收账通知

凭证 37

中国工商银行现金支票存根

Ⅳ Ⅴ 00166432

科目＿＿＿＿＿＿

对方科目＿＿＿＿＿＿

出票日期　年　月　日

收款人：
金额：
用途：

单位主管　会计

中国工商银行现金支票　Ⅳ Ⅴ 00166432

出票日期（大写）：　年　月　日　付款行名称：

收款人：　出票人账号：

	千	百	十	万	千	百	十	元	角	分
人民币（大写）										

用途：＿＿＿＿　科目（借）＿＿＿＿

以上款项请从　对方科目（贷）＿＿＿＿

我账户内支付　转账日期　年　月　日

出票人签章　复核　记账

凭证 38

工资结算汇总表

2009 年 12 月 12 日

部　　门	基本工资	岗位工资	应扣病事假工资	各种补贴	应付工资
生产工人	32000	20000	—	14000	66000
车间管理人员	12300	11500	300	8000	31500
厂部管理人员	8800	3200	400	3100	14700
销售部人员	7000	4000		4000	15000
合　计	60100	38700	700	29100	127200

凭证 39

四川增值税专用发票

№00084010

发票联　　　　开票日期:2009 年 12 月 12 日

购货单位	名　　　称:重庆市蓝天有限责任公司 纳税人识别号:515665123987653 地 址、电 话:重庆市南岸区学府路 166 号　023-62650011 开户行及账号:工行重庆南岸支行　3100019006877655	密码区	略

货物或应税劳务名称	规格型号	单位	数量	单价	金额	税率	税额
A 材料		公斤	3000	20.00	60000.00	17%	10200.00
合计					¥60000.00		¥60000.00
价税合计(大写)	人民币柒万零贰佰元整					(小写)¥70200.00	

销货单位	名　　　称:成都胜利有限责任公司 纳税人识别号:310023586005450 地 址、电 话:成都市武侯区新南路 88 号　028-68006119 开户行及账号:工行新南门支行　3100017856896723	备注	

第二联:发票联　购货方记账凭证

收款人:(略)　　复核:(略)　　开票人:(略)　　销货单位(章):

凭证 40

四川省公路运费发票

发货单位：成都胜利公司　　　　2009 年 12 月 12 日　　　　№0027560

发　站	成都站		到　站	重庆站
货物名称	件数	包装	重量	计费重量
A 材料	3 件		3000 公斤	3000 公斤
类别	费率	数量	金额	附记
运费		3000 公斤	3000.00	
合计金额(大写)：人民币叁仟元整				
收货单位：重庆蓝天有限责任公司　　经办人：李华				

第二联：运费收据

凭证 41

中国工商银行信汇凭证(回单)　1

委托日期 2009 年 12 月 12 日

汇款人	全　称	重庆蓝天有限责任公司	收款人	全　称	成都胜利有限责任公司									
	账　号	3100017856897655		账　号	3100017856896723									
	汇出地点	省　重庆市/县		汇入地点	四川省　成都市/县									
汇出行名称		工行重庆南岸支行	汇入行名称		工行新南门支行									
金额	人民币柒万叁仟贰佰元整 (大写)		亿	千	百	十	万	千	百	十	元	角	分	
						¥	7	3	2	0	0	0	0	
上列款项请在本人的账户内支付，并按照汇兑结算规定汇给收款人。 汇款人签章			支付密码 附加信息及用途：购 A 材料货款 复核：　记账：											

此联汇出行给汇款人的回单

凭证 42

重庆市增值税专用发票

№00084628

发票联　　　　开票日期:2009 年 12 月 12 日

<table>
<tr><td rowspan="4">购货单位</td><td colspan="6">名　　　称:重庆市蓝天有限责任公司
纳税人识别号:515665123987653
地 址、电 话:重庆市南岸区学府路 166 号　023-62650011
开户行及账号:工行重庆南岸支行　310001900687765</td><td>密码区</td><td colspan="2">略</td></tr>
<tr><td>货物或应税劳务名称</td><td>规格型号</td><td>单位</td><td>数量</td><td>单价</td><td>金额</td><td>税率</td><td colspan="2">税额</td></tr>
<tr><td>工具</td><td></td><td>把</td><td>100</td><td>80.00</td><td>8000.00</td><td>17%</td><td colspan="2">1360.00</td></tr>
<tr><td>合计</td><td></td><td></td><td></td><td></td><td>¥8000.00</td><td></td><td colspan="2">¥1360.00</td></tr>
<tr><td colspan="2">价税合计(大写)</td><td colspan="6">人民币玖仟叁佰陆拾元整</td><td colspan="2">(小写)¥9360.00</td></tr>
<tr><td>销货单位</td><td colspan="6">名　　　称:重庆华欣制造厂
纳税人识别号:500012734125512
地 址、电 话:重庆市沙坪坝区石小路 25 号　023-68855285
开户行及账号:建行石小路分理处　370012233426674</td><td>备注</td><td colspan="2"></td></tr>
</table>

第二联：发票联　购货方记账凭证

收款人:(略)　　复核:(略)　　开票人:(略)　　销货单位(章):

凭证 43

收料单

供货单位:

发票号码:　　　　年　月　日　　　　№10091203

材料名称	规格	计量单位	数　量		实　际　成　本			
			应收	实收	单价	金额	运杂费	合计

财务主管:　　记账:　　仓库保管:　　采购员:

凭证 44

中国工商银行电汇凭证(回单)　1

□普通　□加急　　　　　　　　委托日期　　年　月　日

<table>
<tr><td rowspan="3">汇款人</td><td>全　称</td><td></td><td rowspan="3">收款人</td><td>全　称</td><td colspan="11"></td><td rowspan="8">此联汇出行给汇款人的回单</td></tr>
<tr><td>账　号</td><td></td><td>账　号</td><td colspan="11"></td></tr>
<tr><td>汇出地点</td><td>省　市/县</td><td>汇入地点</td><td colspan="11">省　市/县</td></tr>
<tr><td colspan="2">汇出行名称</td><td></td><td colspan="2">汇入行名称</td><td colspan="11"></td></tr>
<tr><td rowspan="2">金额</td><td rowspan="2" colspan="2">人民币
(大写)</td><td>亿</td><td>千</td><td>百</td><td>十</td><td>万</td><td>千</td><td>百</td><td>十</td><td>元</td><td>角</td><td>分</td></tr>
<tr><td></td><td></td><td></td><td></td><td></td><td></td><td></td><td></td><td></td><td></td><td></td></tr>
<tr><td rowspan="2" colspan="3">汇出行签章</td><td colspan="13">支付密码</td></tr>
<tr><td colspan="13">附加信息及用途:货款
复核:　记账:</td></tr>
</table>

凭证 45

收料单

供货单位:

发票号码:　　　　　　　　年　月　日　　　　　　　　№10091204

材料名称	规格	计量单位	数量		实际成本			
			应收	实收	单价	金额	运杂费	合计

财务主管:　　　　记账:　　　　仓库保管:　　　　采购员:

凭证 46

领料单

领料部门：

用途：　　　　　　　　　　年　月　日　　　　　　　　　　凭证编号：124

材料编号	材料名称及规格	计量单位	数　量		价　格	
			应　领	实　领	单　价	金　额
备注：					合计	

第二联　记账联

记账：　　　　审批人：　　　　领料人：　　　　发料人：

凭证 47

领料单

领料部门：

用途：　　　　　　　　　　年　月　日　　　　　　　　　　凭证编号：125

材料编号	材料名称及规格	计量单位	数　量		价　格	
			应　领	实　领	单　价	金　额
备注：					合计	

第二联　记账联

记账：　　　　审批人：　　　　领料人：　　　　发料人：

凭证 48

中国工商银行电汇凭证(回单) 1

□普通 □加急　　　　委托日期 2009 年 12 月 14 日

汇款人	全称	重庆市蓝天有限责任公司	收款人	全称	重庆振新有限责任公司
	账号	3100019006877655		账号	3182109211246976
	汇出地点	省 重庆市/县		汇入地点	省 重庆市/县
汇出行名称		工行重庆南岸支行	汇入行名称		工行重庆渝北支行

金额(大写)	亿	千	百	十	万	千	百	十	元	角	分
人民币陆万壹仟贰佰元整				¥	6	1	2	0	0	0	0

	支付密码
	附加信息及用途:货款
汇出行签章	复核:　　记账:

此联汇出行给汇款人的回单

凭证 49

重庆增值税专用发票

№00933501

发票联　　开票日期:2009 年 12 月 14 日

购货单位	名称:重庆市蓝天有限责任公司 纳税人识别号:515665123987653 地址、电话:重庆市南岸区学府路 166 号 023-62650011 开户行及账号:工行重庆南岸支行 3100019006877655	密码区	略

货物或应税劳务名称	规格型号	单位	数量	单价	金额	税率	税额
B材料		公斤	3000	15.00	45000.00	17%	7650.00
合计					¥45000.00		¥7650.00
价税合计(大写)	人民币伍万贰仟陆佰伍拾元整					(小写)¥52650.00	

销货单位	名称:重庆振新有限责任公司 纳税人识别号:513675193563278 地址、电话:重庆市渝北新华路 88 号 023-88774145 开户行及账号:工行重庆渝北支行 3182109211246976	备注	

收款人:(略)　　复核:(略)　　开票人:(略)　　销货单位(章):

第二联:发票联　购货方记账凭证

凭证 50

商业承兑汇票(卡片) ①

签发日期 2009 年 12 月 14 日

收款人	全　称	重庆振新有限责任公司	付款人	全　称	重庆市蓝天有限责任公司
	账　号	3182109211246976		账　号	3100019006877655
	开户行	工行重庆渝北支行		开户行	工行重庆南岸支行
汇出金额		人民币伍万贰仟陆佰伍拾元整 (大写)　　(小写)￥52650.00			
汇票到期日		2010 年 3 月 14 日	交易合同号码		
本汇票请你单位承兑,并及时将承兑汇票寄交我单位。此致 承兑人 收款人盖章 负责　经办			备注:		

凭证 51

重庆市公路运费发票

发货单位:重庆振新公司　　2009 年 12 月 15 日　　№0047512

发　站	重庆站		到　站	重庆站
货物名称	件数	包装	重量	计费重量
B材料	2 件		3000 公斤	3000 公斤
类别	费率	数量	金额	附记
运费		3000 公斤	1500.00	
合计金额(大写):人民币伍佰元整				
收货单位:重庆蓝天有限责任公司　经办人:李华				

第二联:运费收据

凭证 52

中国工商银行信汇凭证(回单) 1

委托日期 2009 年 12 月 15 日

汇款人	全　称	重庆市蓝天有限责任公司	收款人	全　称	重庆路通运输有限责任公司									
	账　号	3100019006877655		账　号	3100109211246968									
	汇出地点	省重庆　市/县		汇入地点	省　重庆　市/县									
汇出行名称		工行重庆南岸支行	汇入行名称		工行重庆渝北支行									
金额	人民币壹仟伍佰元整（大写）		亿	千	百	十	万	千	百	十	元	角	分	
							¥	1	5	0	0	0	0	
汇出行签章			支付密码											
			附加信息及用途:货款 复核:　记账:											

此联汇出行给汇款人的回单

凭证 53

收料单

供货单位:

发票号码:　　年　月　日　　№10091205

材料名称	规格	计量单位	数　量		实　际　成　本			
			应收	实收	单价	金额	运杂费	合计

财务主管:　　记账:　　仓库保管:　　采购员:

凭证 54

固定资产盘盈盘亏报告表

2009 年 12 月 17 日

固定资产编号	固定资产名称	盘盈			盘亏			毁损			原因
		数量	重置价值	估计已提折旧	数量	原价	已提折旧	数量	原价	已提折旧	
	设备				1	80000	48000				
合计					1	80000	48000				

处理意见	单位处理意见	财务科意见	领导批示

清查小组人员签名：张永　谭小言　王丽

凭证 55

固定资产捐赠交接单

捐赠单位：海天公司

接受单位：重庆蓝天有限责任公司　　　　2009 年 12 月 17 日

捐赠原因	公益性捐赠						
名称型号规格	数量	预计使用年限	已使用年限	原值	已提折旧	净值	备注
W001	1台	10	—	10000	—	10000	全新设备
捐赠单位签章：(章)				接受捐赠单位签章：(章)			
经办：				经办：			

凭证 56

费用报销单

2009 年 12 月 18 日　　　　字第　16 号

费用名称	摘　要	金额									
		千	百	十	万	千	百	十	元	角	分
业务招待费	厂部接待客户						8	0	0	0	0
合计金额						¥	8	0	0	0	0

主管：　　会计：刘姝　　复核：　　出纳：谢丹　　报销人：张永

凭证 57

重 庆 市 定 额 专 用 发 票

发 票 联

经营项目：　　发票代码：2500005000421

付款单位（个人）：　　发票号码：11961457

开票日期　年　月　日

查询代码：76 和发票号码

伍佰元

电话：（023）12366-2

短信：输入查询代码和密码发送至

¥：500.00

012366（移动）　12366（联通）

收款单位（盖章有效）

凭证 58

重 庆 市 定 额 专 用 发 票

发 票 联

经营项目：　　发票代码：2500005000421

付款单位（个人）：　　发票号码：11961457

开票日期　年　月　日

查询代码：76 和发票号码

叁佰元

电话：（023）12366-2

短信：输入查询代码和密码发送至

¥：300.00

012366（移动）　12366（联通）

收款单位（盖章有效）

凭证 59

中国工商银行借款凭证④

银行编号:2341　　　　　　　　　2009 年 12 月 20 日

贷款单位	重庆蓝天有限责任公司	贷款申请书编号	987	贷款账号	3100017856897333	存款账号	3100019006877655
贷款金额	(大写)人民币拾万元整 (小写)¥100000.00			还款日期	2010 年 6 月 20 日		
银行核定金额	(大写)拾万元整			银行核定还款日期		2010 年 6 月 20 日	
				银行实际放出日期		2009 年 12 月 21 日	
兹向你行贷到上列贷款，到期时请凭此借据从本单位存款账户内收回。 此致 贷款单位(章)(盖预留印签)负责人(章)				上项贷款已按银行核定金额发放，并收入你单位 3100019006877655 账户。 此致 中国工商银行重庆市分行南岸支行 银行签章　2009 年 12 月 20 日			

还款记录	日　期	还款金额	未还金额	记账员	复核员

凭证 60

行政事业性收费统一票据

2009 年 12 月 21 日

交款单位或交款人	重庆蓝天有限责任公司	收款方式	现　金	备注
收费项目名称	收费标准	数量	金额	
培训费	200.00	10 人	2000.00	
合计			2000.00	
人民币(大写)人民币贰仟元整				

收款单位(盖章)　　　　　　单位负责人(盖章)　　　　　　经手人:略

凭证 61

重庆市广告业专用发票

发票联

客户单位:重庆市蓝天有限责任公司　　2009 年 12 月 19 日　　№000668

项　目	规格	单位	数量	单价	金额								
					百	十	万	千	百	十	元	角	分
广告费							¥	3	2	0	0	0	0
金额(大写):人民币叁仟贰佰元整													

第二联　发票联

单位(盖章)　　收款:　　开票:陈晓

凭证 62

中国工商银行转账支票存根

Ⅳ Ⅴ 00166433

科目________

对方科目________

出票日期　年　月　日

收款人:
金额:
用途:

单位主管　　会计

中国工商银行转账支票　　Ⅳ Ⅴ 00166433

出票日期(大写):　年　月　日　付款行名称:

收款人:　出票人账号:

人民币(大写)	千	百	十	万	千	百	十	元	角	分

用途:________　科目(借)________

以上款项请从　对方科目(贷)________

我账户内支付　转账日期　年　月　日

出票人签章　复核　记账

凭证 63

中国工商银行转账支票											Ⅻ Ⅲ 00120725
出票日期(大写)贰零零玖年壹拾贰月贰拾日 付款行名称:建行成华区中华路分理处											
收款人:重庆市蓝天有限责任公司 出票人账号:37000442342623											
人民币玖仟陆佰元整 (大写)	千	百	十	万	千	百	十	元	角	分	
				¥	9	6	0	0	0	0	
用途:________ 以上款项请从 我账户内支付 出票人签章	科目(借)________ 对方科目(贷)________ 付讫日期 年 月 日 复核 记账										

凭证 64

中国工商银行进账单(收账通知) 3

2009 年 12 月 20 日

付款人	全称	成都顺风有限责任公司	收款人	全称	重庆蓝天有限责任公司
	账号	370004423426231		账号	3100017856897655
	开户银行	建行成华区中华路分理处		开户银行	工行重庆南岸支行

金额	人民币玖仟陆佰元整 (大写)	千	百	十	万	千	百	十	元	角	分
					¥	9	6	0	0	0	0

票据种类	转支	票据张数	壹张	
票据号码				
复核 记账				开户银行签章(章)

此联是开户银行交给持(出)票人的收账通知

凭证 65

中国工商银行计收利息清单(付款通知) ③

2009 年 12 月 21 日

单位名称	重庆蓝天有限责任公司	账号	3100019006877655
贷款金额	890000.00	计息起讫日期	2009 年 9 月 21 日至 12 月 20 日
计息总积数	890000.00	利率(月)	5‰
利息金额	人民币壹万叁仟叁佰伍拾元整(大写)	￥13350.00	
上述应偿借款利息已从你单位账户划出。 此致 借款单位(银行盖章)　复核　记账			

凭证 66

中国工商银行(存款)利息转账专用传票

2009 年 12 月 22 日

存款账户户名：工行重庆南岸支行		账号：3100019006877655
利息计算时间：2009 年 9 月 20 日至 2009 年 12 月 20 日		左列存款利息已收入你单位账户。
计息数共计：￥720115.22	利率：月 2.08‰	
附记：	￥1500.00	
会计：　事后监督：　复核：　制单：		开户银行盖章 2009 年 12 月 22 日

凭证 67

中国工商银行现金支票存根	中国工商银行转账支票 　　Ⅳ Ⅴ 00166434
Ⅳ Ⅴ 00166434	出票日期(大写)：　年　月　日　付款行名称：
科目	收款人：　出票人账号：
对方科目	人民币(大写)　千 百 十 万 千 百 十 元 角 分
出票日期　年　月　日	
收款人：	用途：　科目(借)
金额：	以上款项请从　对方科目(贷)
用途：	我账户内支付　转账日期　年　月　日
单位主管　会计	出票人签章　复核　记账

凭证 68

领料单

领料部门：

用途：　　　　　　　　年　月　日　　　　　　　凭证编号:125

材料编号	材料名称及规格	计量单位	数量		价格	
			应　领	实　领	单　价	金　额
备注：					合计	

第二联　记账联

记账：　　审批人：　　领料人：　　发料人：

凭证 69

重庆市增值税专用发票

№00471205

记账联　　　　开票日期:2009年12月23日

购货单位	名　　称:重庆迅达股份有限公司 纳税人识别号:513675132789356 地 址、电 话:重庆市北碚区青龙路166号　023-89754322 开户行及账号:工行重庆北碚支行　3100068971785634				密码区	略	
货物或应税劳务名称	规格型号	单位	数量	单价	金额	税率	税额
甲产品		件	240	350.00	84000.00	17%	14280.00
合计					¥84000.00		¥14280.00
价税合计(大写)	人民币玖万捌仟贰佰捌拾元整					(小写)¥98280.00	
销货单位	名　　称:重庆市蓝天有限责任公司 纳税人识别号:515665123987653 地 址、电 话:重庆市南岸区学府路166号　023-62650011 开户行及账号:工行重庆南岸支行　3100019006877655				备注		

收款人:　　　　复核:　　　　开票人:　　　　销货单位(章):

第一联:记账联　销货方记账凭证

凭证 70

中国电信股份有限公司重庆分公司邮电通信业通信费发票

发票代码:250000940032

发　票　联　　　　发票号码:10508888

户名: 肖天(号码:62650011)					
电信账户	104061010124747	计费时段	20091101～20091130		
项目	金额	项目	金额	项目	金额
基本费	50.00	国内长途话费	300.00		
市话费	800.00	上网费	150.00		
区话费	500.00				
上期结余	0.57				
应收小计	1800.00	本期结余 0.57	本次预存款 0.0	单位:元	
金额	小写　¥1800.00		大写　人民币壹仟捌佰元整		
收款单位:(盖章有效)　收款员:40056168　收款日期:2009.12.23 备注:付款方式:转支					

付款方记账凭证(手写无效)

凭证 71

<table>
<tr><td>

中国工商银行转账支票存根

Ⅳ Ⅴ 00166435

科目____________

对方科目__________

出票日期　　年　月　日

收款人：
金额：
用途：

单位主管　　会计

</td><td>

中国工商银行转账支票　　Ⅳ Ⅴ 00166435

出票日期(大写)：　　年　　月　　日　付款行名称：

收款人：　　出票人账号：

人民币（大写）	千	百	十	万	千	百	十	元	角	分

用途：______　　科目(借)________

以上款项请从　　对方科目(贷)________

我账户内支付　　转账日期　　年　月　日

出票人签章　　复核　　记账

</td></tr>
</table>

凭证 72

借款单

2009 年 12 月 24 日　　　　第 116 号

借款部门	于涛	金额							
人民币(大写)壹仟元整		十	万	千	百	十	元	角	分
			¥	1	0	0	0	0	0
借款事由：购买材料									
领导批示	财务负责人	借款部门负责人				借款人			
同意	谭小言	于涛				于涛			

凭证 73

固定资产盘盈盘亏处理单

2009 年 12 月 24 日

<table>
<tr><th rowspan="2">固定资产编　号</th><th rowspan="2">固定资产名　称</th><th colspan="3">盘　盈</th><th colspan="3">盘　亏</th><th colspan="3">毁　损</th><th rowspan="2">原因</th></tr>
<tr><th>数量</th><th>重置价值</th><th>估计已提折旧</th><th>数量</th><th>原价</th><th>已提折旧</th><th>数量</th><th>原价</th><th>已提折旧</th></tr>
<tr><td></td><td>设备</td><td></td><td></td><td></td><td>1</td><td>80000</td><td>48000</td><td></td><td></td><td></td><td></td></tr>
<tr><td></td><td></td><td></td><td></td><td></td><td></td><td></td><td></td><td></td><td></td><td></td><td></td></tr>
<tr><td></td><td></td><td></td><td></td><td></td><td></td><td></td><td></td><td></td><td></td><td></td><td></td></tr>
<tr><td></td><td></td><td></td><td></td><td></td><td></td><td></td><td></td><td></td><td></td><td></td><td></td></tr>
<tr><td colspan="2">合　计</td><td></td><td></td><td></td><td>1</td><td>80000</td><td>48000</td><td></td><td></td><td></td><td></td></tr>
<tr><td rowspan="2">处理意见</td><td colspan="3">单位处理意见</td><td colspan="3">财务科意见</td><td colspan="5">领导批示</td></tr>
<tr><td colspan="3">报领导批准</td><td colspan="3">予以核销　谭小言</td><td colspan="5">同意财务科意见　刘阳</td></tr>
</table>

清查小组人员签名:张永　谭小言　王丽

凭证 74

重庆市修理修配统一发票

发　票　联　　　　(09)三　50000540032

客户名称:重庆蓝天有限责任公司　　　　修　万　2009 年 12 月 25 日

<table>
<tr><th rowspan="2">修理修配项目名称</th><th rowspan="2">单　位</th><th rowspan="2">数　量</th><th rowspan="2">收费标准</th><th rowspan="2">材料费</th><th colspan="7">金　额</th></tr>
<tr><th>万</th><th>千</th><th>百</th><th>十</th><th>元</th><th>角</th><th>分</th></tr>
<tr><td>汽车修理费</td><td></td><td></td><td></td><td></td><td>¥</td><td>2</td><td>0</td><td>0</td><td>0</td><td>0</td><td>0</td></tr>
<tr><td></td><td></td><td></td><td></td><td></td><td></td><td></td><td></td><td></td><td></td><td></td><td></td></tr>
<tr><td>金额合计（大写）</td><td colspan="11">人民币贰仟元整</td></tr>
<tr><td>结算方式</td><td>转账</td><td>开户银行</td><td colspan="2">工行重庆南岸支行</td><td>账号</td><td colspan="6">3100019006877655</td></tr>
<tr><td>地址</td><td colspan="4">重庆市南岸学府路 166 号</td><td>备注</td><td colspan="6"></td></tr>
</table>

第二联：报销凭证联

收款单位(盖章有效):　　　　收款人:朱训　　　　开票人:潘宇

凭证 75

中国工商银行转账支票存根

Ⅳ Ⅴ 00166436

科目________________

对方科目____________

出票日期　年　月　日

收款人：
金额：
用途：

单位主管　　会计

中国工商银行转账支票　Ⅳ Ⅴ 00166436

出票日期(大写)：　年　月　日　付款行名称：

收款人：　出票人账号：

人民币（大写）	千	百	十	万	千	百	十	元	角	分

用途：________　科目(借)________

以上款项请从　对方科目(贷)________

我账户内支付　转账日期　年　月　日

出票人签章　复核　记账

凭证 76

中国工商银行现金支票存根

Ⅳ Ⅴ 00166437

科目________________

对方科目____________

出票日期　年　月　日

收款人：
金额：
用途：

单位主管　　会计

中国工商银行现金支票　Ⅳ Ⅴ 00166437

出票日期(大写)：　年　月　日　付款行名称：

收款人：　出票人账号：

人民币（大写）	千	百	十	万	千	百	十	元	角	分

用途：________　科目(借)________

以上款项请从　对方科目(贷)________

我账户内支付　转账日期　年　月　日

出票人签章　复核　记账

凭证 77

差旅费报销单

2009 年 12 月 26 日

出发地			到达地			公出补助			车船飞机费	卧铺	住宿费	市内车费	其他	合计金额
月	日	地点	月	日	地点	天数	标准	金额						
12	24	重庆	12	24	成都	3	100	300	400		300			1000
12	26	成都	12	26	重庆									
														¥1000
合计人民币(大写)壹仟元整														
备注														

单位领导：　　　财务主管：　　　公出人姓名：于涛　　　审核人：

凭证 78

重庆市商业统一发票

发票代码：150000721211

发票联

发票号码：01973809

购货单位：重庆蓝天有限责任公司　　　2009 年 12 月 26 日

品名及规格	计量单位	数量	单价	金额								备注
				十	万	千	百	十	元	角	分	
包装物	个	1000	5.00			5	0	0	0	0	0	
合计金额(大写)：人民币伍仟元整					¥	5	0	0	0	0	0	

重庆新世界公司
发票专用章(22)
500142541884574

第二联　报销联

收款单位(盖章有效)：　　　收款人：张玲　　　开票人：沈菲

凭证 79

中国工商银行转账支票存根

Ⅳ V 00166438

科目______________

对方科目______________

出票日期　　年　月　日

收款人：
金额：
用途：

单位主管　　　　会计

中国工商银行转账支票　　Ⅳ V 00166438

出票日期(大写)：　　年　　月　　日　付款行名称：

收款人：　　　　　　　　　　　　　　出票人账号：

人民币(大写)	千	百	十	万	千	百	十	元	角	分

用途：________　　　　科目(借)______________

以上款项请从　　　　　对方科目(贷)____________

我账户内支付　　　　　转账日期　　年　月　日

出票人签章　　　　　　复核　　　　记账

凭证 80

中国工商银行现金支票存根

Ⅳ V 00166439

科目______________

对方科目______________

出票日期　　年　月　日

收款人：
金额：
用途：

单位主管　　　　会计

中国工商银行现金支票　　Ⅳ V 00166439

出票日期(大写)：　　年　　月　　日　付款行名称：

收款人：　　　　　　　　　　　　　　出票人账号：

人民币(大写)	千	百	十	万	千	百	十	元	角	分

用途：________　　　　科目(借)______________

以上款项请从　　　　　对方科目(贷)____________

我账户内支付　　　　　转账日期　　年　月　日

出票人签章　　　　　　复核　　　　记账

凭证 81

重庆兴业会计师事务所专用发票

客户名称:重庆蓝天有限责任公司　　　　　　　　　　2009 年 12 月 26 日

项　目	计算金额	单　价	金额						
			千	百	十	元	角	分	第二联 报销凭证
审计费		1000.00	1	0	0	0	0	0	
合计金额(大写)人民币壹仟元整			¥1000.00						

凭证 82

职工困难补助申请表(代现金收据)

2009 年 12 月 26 日

申请人	夏雨		所在部门		销售部
申请金额	2000		平均生活费		800.00
申请理由	生活困难补助				
工会小组意见	同意	公司工会批　示	同意		人民币(大写)贰仟元整 签收:夏雨

凭证 83

领料单

领料部门:

用途:　　　　　　　　　年　月　日　　　　　　　　凭证编号:126

材料编号	材料名称及规格	计量单位	数量		价格		
			应　领	实　领	单　价	金　额	第二联 记账联
备注:					合计		

记账:　　　　　审批人:　　　　　领料人:　　　　　发料人:

凭证 84

重庆市增值税专用发票

№00471206

记账联　　开票日期:2009 年 12 月 28 日

购货单位	名　　称:重庆乐天公司 纳税人识别号:510011756742560 地 址、电 话:渝北区海尔路 130 号　023-88774235 开户行及账号:农行渝北区海尔路分理处　170004423426123			密码区	略		
货物或劳务名称	规格型号	单位	数量	单价	金额	税率	税额
乙产品		件	200	200.00	40000.00	17%	6800.00
合计					¥40000.00		¥6800.00
价税合计(大写)	人民币肆万陆仟捌佰元整						(小写)¥46800.00
销货单位	名　　称:重庆市蓝天有限责任公司 纳税人识别号:515665123987653 地 址、电 话:重庆市南岸区学府路 166 号　023-62650011 开户行及账号:工行重庆南岸支行　3100019006877655			备注			

第一联:记账联　销货方记账凭证

收款人:　　复核:　　开票人:　　销货单位(章):

凭证 85

材料盘盈盘亏报告单

部门:一仓库　　2009 年 12 月 29 日　　第 123 号

编号	品名规格	单位	账面数量	实存数量	盘盈		盘亏		原因
					数量	金额	数量	金额	
1	C材料	公斤					100	1000.00	
处理意见		保管部门		清查小组		审批部门			

供应部门负责人:　　保管:　　清点人:

凭证 86

重庆市收款收据

2009 年 12 月 29 日

交款单位:重庆蓝天有限责任公司　　　　结算方式:转支

项　　目	内　　容	金　　额
违约金、赔偿金		5000.00
合计人民币(大写)伍仟元整		¥5000.00

凭证 87

中国工商银行转账支票存根

Ⅳ Ⅴ 00166440

科目________

对方科目________

出票日期　　年　月　日

收款人:
金额:
用途:

单位主管　　　会计

中国工商银行现金支票　　Ⅳ Ⅴ 00166440

出票日期(大写):　　年　　月　　日　付款行名称:

收款人:　　　　出票人账号:

人民币(大写)	千	百	十	万	千	百	十	元	角	分

用途:________　　科目(借)________

以上款项请从　　对方科目(贷)________

我账户内支付　　转账日期　　年　月　日

出票人签章　　复核　　　记账

凭证 88

中国工商银行转账支票存根

Ⅳ Ⅴ 00166441

科目________

对方科目________

出票日期　　年　月　日

收款人:
金额:
用途:

单位主管　　　会计

中国工商银行转账支票　　Ⅳ Ⅴ 00166441

出票日期(大写):　　年　　月　　日　付款行名称:

收款人:　　　　出票人账号:

人民币(大写)	千	百	十	万	千	百	十	元	角	分

用途:________　　科目(借)________

以上款项请从　　对方科目(贷)________

我账户内支付　　转账日期　　年　月　日

出票人签章　　复核　　　记账

凭证 89

水费专用发票

发票联　　№00987

客户名称：重庆蓝天有限责任公司　　2009 年 12 月 29 日　　水字第 109 号

服务项目	用水性质	水量	计量单位	单价	金额							
					十	万	千	百	十	元	角	分
	生产用水	750	吨	4.00			3	0	0	0	0	0
合计（大写）人民币叁仟元整					¥3000.00							

凭证 90

水费分配表

2009 年 12 月 29 日

用　途	耗用量(吨)	单　价	金　额
生产车间	600	4.00	2400.00
厂部	100	4.00	400.00
销售部	50	4.00	200.00
合　计	750		3000.00

凭证 91

中国工商银行转账支票存根

Ⅳ Ⅴ 00166442

科目____________

对方科目____________

出票日期　年　月　日

收款人：
金额：
用途：

单位主管　　会计

中国工商银行转账支票　Ⅳ Ⅴ 00166442

出票日期（大写）：　年　月　日　付款行名称：

收款人：　出票人账号：

人民币（大写）	千	百	十	万	千	百	十	元	角	分

用途：________　科目（借）________

以上款项请从　对方科目（贷）________

我账户内支付　转账日期　年　月　日

出票人签章　复核　记账

凭证 92

供电局电费收据

2009 年 12 月 29 日

用　　户	重庆蓝天有限责任公司	地　　址	南岸区学府路 166 号
本月指数		上月指数	
实用电量(度)	8000	单　价	0.6 元/度
金额(元)	人民币肆仟捌佰元整　　¥4800.00		
备　注			

收款单位(章)　　　　　　　　　　　　　　核收员：

凭证 93

电费分配表

2009 年 12 月 29 日

用　　途	耗用量(度)	单　　价	金　　额
生产车间	3000	0.6	1800.00
生产 A 产品耗用	2000	0.6	1200.00
生产 B 产品耗用	1500	0.6	900.00
厂　部	1000	0.6	600.00
销售部	500	0.6	300.00
合　计	8000		4800.00

凭证 94

材料盘盈盘亏处理单

部门:一仓库　　　　　　　　2009 年 12 月 30 日　　　　　　　　第 124 号

编号	品名规格	单位	账面数量	实存数量	盘　盈		盘　亏		原　因
					数量	金额	数量	金额	
1	C 材料	公斤					100	1000.00	

处理意见	保管部门	清查小组	审批部门
	正常损耗 700 元， 唐娜赔偿 300 元。		同意

供应部门负责人：　　　　　　　　保管：　　　　　　　　清点人：

凭证 95

重庆市增值税专用发票

№00471207

记账联　　开票日期:2009 年 12 月 30 日

购货单位	名　　　称:成都顺风有限责任公司 纳税人识别号:310011756742121 地 址、电 话:成都市成华区中华路 67 号　028-68774145 开户行及账号:建行成华区中华路分理处　370004423426231					密码区	略	
货物或应税劳务名称	规格型号	单位	数量	单价	金额	税率	税额	
甲产品		件	460	350.00	161000.00	17%	27370.00	
合计					￥161000.00		￥27370.00	
价税合计(大写)	人民币壹拾捌万捌仟叁佰柒拾元整						(小写)￥188370.00	
销货单位	名　　　称:重庆市蓝天有限责任公司 纳税人识别号:515665123987653 地 址、电 话:重庆市南岸区学府路 166 号　023-62650011 开户行及账号:工行重庆南岸支行　3100019006877655					备注		

收款人:　　复核:　　开票人:　　销货单位(章):

第一联:记账联　销货方记账凭证

凭证 96

重庆市公路运费发票

发货单位:重庆蓝天有限责任公司　　2009 年 12 月 30 日　　№0047555

发　站	重庆站		到　站	北京站
货物名称	件数	包装	重量	计费重量
甲产品	460 件			
类别	费率	数量	金额	附记
		460 件	3680.00	
合计金额(大写):人民币叁仟陆佰捌拾元整　￥3680				
收货单位:成都顺风有限责任公司　经办人:蔡宁				

第二联:运费收据

凭证 97

固定资产折旧计算表

2009 年 12 月 30 日

使用部门	月初计提固定资产原价	月折旧率	本月应计提折旧额
生产车间	3000000.00	0.4%	12000.00
厂部	348000.00	0.6%	2088.00
销售部	150000.00	0.6%	900.00
合　计	3498000.00		14988.00

会计主管：　　　　审核：　　　　制单：

凭证 98

工资费用分配表

2009 年 12 月 30 日　　　　单位：元

车间、部门		应分配金额
车间生产人员工资	甲产品	39500
	乙产品	27000
车间管理人员		31500
厂部管理人员		14000
销售部人员		16000
合　　计		128000

会计主管：　　　　审核：　　　　制单：

凭证 99

制造费用分配表

2009 年 12 月 30 日　　　　单位：元

分配对象	分配标准（生产工人工资）	分配率	分配金额
甲产品			
乙产品			
合　计			

会计主管：　　　　审核：　　　　制单：

凭证 100

产品生产成本计算单

2009 年 12 月 30 日　　　　单位:元

成本项目	甲产品		
	月初余额	本月发生	本月完工产品成本
直接材料			
工资及福利费			
制造费用			
合　计			

会计主管：　　　　审核：　　　　制单：

凭证 101

产品生产成本计算单

2009 年 12 月 30 日　　　　单位:元

成本项目	乙产品		
	月初余额	本月发生	本月完工产品成本
直接材料			
工资及福利费			
制造费用			
合　计			

会计主管：　　　　审核：　　　　制单：

凭证 102

库存商品入库单

仓库名称:产成品库　　　　2009 年 12 月 30 日　　　　№20091235

产品名称	规格	计量单位	数量		单位成本	总成本	送验单位
			送验	实收			
甲产品		件	1200	1200			生产车间
合计							

仓库主管：　　　　记账：　　　　验收：　　　　送验人：

凭证 103

库存商品入库单

仓库名称：产成品库　　2009 年 12 月 30 日　　№20091235

产品名称	规格	计量单位	数量		单位成本	总成本	送验单位
			送验	实收			
乙产品		件	850	850			生产车间
合计							

仓库主管：　　记账：　　验收：　　送验人：

凭证 104

产品销售成本计算单

2009 年 12 月 30 日　　单位：元

产品名称	计量单位	销售数量	单位成本	总成本
甲产品	件	900		
乙产品	件	520		
合计				

会计主管：　　审核：　　制单：

凭证 105

库存商品出库单

仓库名称：产成品库　　2009 年 12 月 30 日　　№20091201

产品名称	规格	计量单位	数　量		单位成本	总成本(元)
			应发	实发		
甲产品		件	900	900		
乙产品		件	520	520		
合计						

第二联　记账联

仓库主管：　　记账：　　发货人：　　经办人：

凭证 106

材料出库单

领料部门：

用途：　　　　　　　　　　　　年　月　日　　　　　　　　　　凭证编号：120

材料编号	材料名称及规格	计量单位	数量	单价	金额	备注
合　计						

第二联　记账联

记账：　　　　　审批人：　　　　　领料人：　　　　　发料人：

凭证 107

坏账准备计提表

2009 年 12 月 30 日

应收账款余额	计提比率	应提额	账面已提	实际计提

审核（签章）　　　　　　　　　　制表（签章）

凭证 109

城市维护建设税草算表

2009 年 12 月 31 日

计税依据(应纳增值税额)	税　率	税　额
	7%	

制表(盖章)　　　　　　　　　　复核(签章)

凭证 110

教育费附加税草算表

2009 年 12 月 31 日

计税依据(应纳增值税额)	税　率	税　额
	3%	

制表(盖章)　　　　　　　　　　复核(签章)

凭证 111

地方税务局综合纳税申报表

2009 年 12 月 31 日

纳税人识别号:

2	1	3	6	7	5	1	3	2	7	8	9	3	5	6

纳税人名称	重庆蓝天有限责任公司		税款所属期	2009 年 12 月 1 日至 12 月 31 日	
税　种	计税金额	税　率	应纳税额	已纳税额	应补(退)税额
1	2	3	4 = 2×3	5	6
城市维护建设税		7%			
教育费附加		3%			
总　　计					

如纳税人填报,由纳税人填写以下各栏		如委托代理人填报,由代理人填写以下各栏			
会计主管 (签章)	纳税人 (签章)	代理人名称		代理人 (公章)	
		代理人地址			
		经办人姓名		电话	

以下由税务机关填写			
收到申报表日期		接收人	

凭证 112

损益类账户发生额表

账户名称	借方金额	贷方金额

凭证 113

企业所得税纳税申报表

企业编码　　　　　　　　　　申报期　　年　月　日至　月　日　　　　　　　　金额单位：元

申报单位		行业类别		隶属关系	
地　址		经济性质		预算级次	

<table>
<tr><th>项　　目</th><th>行次</th><th>本期数</th><th>累计数</th><th>补充资料</th></tr>
<tr><td>一、销售（营业）收入</td><td>1</td><td></td><td></td><td rowspan="15">1. 工业总产值：
________元
2. 年平均职工人数：
________人
3. 安置四残人员：
________人
4. 安置待业人员：
________人
5. 工资总额：
________元
6. 效益工资：
________元
7. 税后利润：
________元</td></tr>
<tr><td>减：销售折扣与折让</td><td>2</td><td></td><td></td></tr>
<tr><td>销售（营业）成本</td><td>3</td><td></td><td></td></tr>
<tr><td>销售（营业）费用</td><td>4</td><td></td><td></td></tr>
<tr><td>销售（营业）税金及附加</td><td>5</td><td></td><td></td></tr>
<tr><td>二、销售（营业）利润</td><td>6</td><td></td><td></td></tr>
<tr><td>加：代购代销收入</td><td>7</td><td></td><td></td></tr>
<tr><td>其他业务利润</td><td>8</td><td></td><td></td></tr>
<tr><td>减：管理费用</td><td>11</td><td></td><td></td></tr>
<tr><td>财务费用</td><td>12</td><td></td><td></td></tr>
<tr><td>汇兑损失</td><td>13</td><td></td><td></td></tr>
<tr><td>三、营业利润</td><td>14</td><td></td><td></td></tr>
<tr><td>加：投资收益</td><td>15</td><td></td><td></td></tr>
<tr><td>营业外收入</td><td>21</td><td></td><td></td></tr>
<tr><td>减：营业外支出</td><td>22</td><td></td><td></td></tr>
<tr><td>四、利润总额</td><td>24</td><td></td><td></td><td rowspan="2">备　注</td></tr>
<tr><td>加：纳税调整增加额</td><td>25</td><td></td><td></td></tr>
<tr><td>减：纳税调整减少额</td><td>26</td><td></td><td></td><td rowspan="8">税务机关受理日期

年　月　日

受理人（签名）：</td></tr>
<tr><td>五、应纳税所得额</td><td>27</td><td></td><td></td></tr>
<tr><td>适用税率</td><td>28</td><td></td><td></td></tr>
<tr><td>六、应纳所得税额</td><td>29</td><td></td><td></td></tr>
<tr><td>七、应缴入库所得税额</td><td>34</td><td></td><td></td></tr>
<tr><td>加：期初未缴所得税额</td><td>35</td><td></td><td></td></tr>
<tr><td>减：实际已缴纳所得税额</td><td>36</td><td></td><td></td></tr>
<tr><td>八、期末应补（退）所得税额</td><td>37</td><td></td><td></td></tr>
</table>

申报单位盖章　　填报期　年　月　日　　经办人：　　　主管会计：　　　负责人：

凭证 114

法定盈余公积金计提表

年度　　　　单位:元

税前利润总额	可调整额	应纳所得税额	应扣除数	计提基数	计提比例	金　　额

凭证 115

应付利润计算表

年度　　　　单位:元

<table>
<tr><td>上年未分配利润</td><td colspan="2">本年可分配利润</td><td colspan="2">可分配利润合计</td><td>分配比例</td><td>应付利润总额</td></tr>
<tr><td></td><td colspan="2"></td><td colspan="2"></td><td></td><td></td></tr>
<tr><td colspan="7">应　付　利　润　详　细　情　况</td></tr>
<tr><td colspan="2">投资者</td><td colspan="2">出资比例</td><td colspan="3">应得利润</td></tr>
<tr><td colspan="2"></td><td colspan="2"></td><td colspan="3"></td></tr>
<tr><td colspan="2"></td><td colspan="2"></td><td colspan="3"></td></tr>
<tr><td colspan="2"></td><td colspan="2"></td><td colspan="3"></td></tr>
</table>

第九章

科目汇总表流程综合实验

科目汇总表核算形式的主要特点是定期根据记账凭证编制科目汇总表，根据科目汇总表登记总分类账。其优点是可以利用科目汇总表的汇总结果进行账户发生额的试算平衡，在试算平衡的基础上记账能保证总分类账的正确性，还可以大大减少登记总分类账的工作量；不足之处是科目汇总表不能清晰地反映账户之间的对应关系。该核算形式一般适合于经济业务较多或规模较大的企业。

一、科目汇总表流程综合实验的目的

通过该项实验，使学生熟悉在科目汇总表核算形式下，会计凭证的设置、账簿的组织以及记账程序的基本内容，并能熟练掌握其操作的基本程序和方法。

二、科目汇总表流程综合实验的要求

(1) 实验前应认真学习并熟练掌握科目汇总表核算形式的特点及科目汇总表的编制方法。

(2) 实验中按要求填制需填的原始凭证和所有的记账凭证、登记相关的日记账、明细账，编制科目汇总表并据以登记总账，最后进行对账和结账并编制会计报表。

(3) 实验中对错误的地方按规定方法进行更正。

(4) 实验后需提交根据规定实验资料完成的证账表一套，认真总结按规定提交实验报告一份。

三、科目汇总表流程综合实验资料

采用第八章汇总记账凭证流程综合实验的实验资料内容。

四、科目汇总表流程综合实验所需实验材料

(1) 专用记账凭证或通用记账凭证。

(2) 三栏式账页、多栏式账页、数量金额式账页。

(3) 资产负债表、利润表。

(4) 资料夹、回形针、裁纸刀、胶水、装订机等。

实验所需凭证、账页数量如下表：

种　类	数　量	种　类	数　量
收款凭证	15 张	科目汇总表	3 张
付款凭证	35 张	三栏式账页	50 张
转账凭证	70 张	多栏式账页	10 张
封面、封底	2 套	数量金额式账页	15 张
现金日记账	2 张	资产负债表	2 张
银行日记账	4 张	利润表	2 张

五、科目汇总表流程综合实验步骤

各种会计核算形式的主要区别在于登记总账的依据和方法不同，所以科目汇总表核算形式下的实验步骤与汇总记账凭证核算形式下的实验步骤相比较，除登记总分类账的依据和方法不同外，其余基本相同。该项实验要求按旬编制科目汇总表，并按旬登记总分类账。

(1) 建账。

(2) 填制相关原始凭证和所有的记账凭证。

(3) 根据收款、付款记账凭证逐日逐笔登记库存现金和银行存款日记账。

(4) 根据原始凭证和记账凭证登记明细分类账。

(5) 定期编制科目汇总表。按旬根据记账凭证，按相同科目的发生额分别将借方或贷方加以汇总。

(6) 经试算平衡后，根据科目汇总表定期登记总分类账。

(7) 进行对账和结账，并编制试算平衡表。

(8) 根据账簿记录编制资产负债表和利润表。

六、实验报告

实验结束后，要求学生编写实验报告，其内容主要包括：

(1) 实验内容。

(2) 实验中存在的问题及解决办法。

(3) 实验体会及建议。